我们没有忘记

18个日本人的"二战"口述

宋看看◎著

上海交通大学出版社
SHANGHAI JIAO TONG UNIVERSITY PRESS

内容提要

书中，作者采访了18位与"二战"相关的日本人，他们中有被迫征召入伍参战，战败后辗转被送入抚顺战犯管理所，从此洗心革面，至死都为战争证言努力的日本老兵；有因缘际会加入八路军的日本人；也有日本战败后顺利回家，因为良心发现，主动忏悔，渴望救赎的日本老兵；还有些日本人，虽然他们只是日本兵的后人，但也因为良心难安，愿意为中日友好奋斗终身……他们表达了对侵华战争的忏悔，也表达了对和平的向往。

图书在版编目(CIP)数据

我们没有忘记：18个日本人的"二战"口述／宋看看著. —上海：上海交通大学出版社，2022.4
ISBN 978－7－313－26580－7

Ⅰ. ①我… Ⅱ. ①宋… Ⅲ. ①侵华战争—史料—日本
Ⅳ. ①K265.06

中国版本图书馆 CIP 数据核字(2022)第020355号

我们没有忘记：18个日本人的"二战"口述
WOMEN MEIYOU WANGJI：18GE RIBENREN DE "ERZHAN" KOUSHU

著　　者：宋看看
出版发行：上海交通大学出版社　　　　　地　　址：上海市番禺路951号
邮政编码：200030　　　　　　　　　　　电　　话：021－64071208
印　　制：上海景条印刷有限公司　　　　经　　销：全国新华书店
开　　本：880 mm×1230 mm　1/32　　印　　张：7.25
字　　数：161千字
版　　次：2022年4月第1版　　　　　　　印　　次：2022年4月第1次印刷
书　　号：ISBN 978－7－313－26580－7
定　　价：68.00元

序

和宋看看真是很有缘分。

2015年,上海东方传媒集团(SMG)新闻中心招募驻日记者,宋看看是7位候选人之一。当时,除了东方卫视外,我们还有一个叫"看看新闻"的客户端。时至今日,还有朋友经常问看看:"'看看新闻'是不是你家的?"看看总是回答:"是'看看家'的就对了!"

孤悬海外,驻外记者的工作并不容易。虽然有上海本部的支撑,但在日本,看看除了做记者,还是摄像、技术、灯光、场记……最困难的时候,自己的父亲和先生也会担当摄像师。采访前首相森喜朗、鸠山由纪夫的时候,看看身怀小二,以至于后来再访鸠山先生时,还被问"男孩儿?女孩儿?"在家里做新闻连线,年幼的儿子"饭团"险些入镜……都是东京站建站初期的艰苦回忆。

作为同行人,我也深知,兼顾母亲和职业记者的角色实在不容易。这一点,看看令我倍感钦佩。加入东方卫视之前,看看刚转行办公室文员。还记得第一次认识看看时她告诉我:"自己最爱的,还是记者这份职业。"确实,看看是一个风风火火又充满热情的人,这一点,太符合职业记者的人设了。

2015年,为了纪念世界反法西斯战争胜利70周年,我们策划了一个《战后70年》的选题，寻访那些曾经参与这场战争的日本人。虽然这个电视报道系列在当年就结束了，但这场寻访活动，从未就此结束。

这是一部来自日本民间的口述实录，回望了75年前那场残酷的战争。他们当中，有后半生致力于为战争证言的前战犯高桥哲郎，有用一辈子忏悔侵华罪行的日本兵黑田千代吉，还有八路军中的日籍战士砂原惠和日籍护士北浦佐都子……他们每一个人的口述，都是一部真实的战争史。不论战前的身份如何、战时的经历如何、战后的处境如何，战争都改变了他们原有的生活轨迹。

这场与时间赛跑的寻访，看看坚持了5年多。5年来，看看找到的战争亲历者越来越多，也可以说"越来越少"……一些人失去对话能力，一些人逝去了。高桥哲郎已于2017年去世，绘鸠毅已于2015年去世。好在，这些正在消逝的口述历史和民间记忆的孤本，被我们用镜头记录了下来，这令人倍感欣慰和珍贵。

杨颖杰

上海广播电视台电视新闻中心国际部主任

2020年12月21日

自 序

SMG 东京站　宋看看

2013 年 3 月 23 日习近平主席在莫斯科国际关系学院作的"顺应时代前进潮流　促进世界和平发展"的演讲中,讲述了两个影响深远的重要概念,"命运共同体"和"新型国际关系",让世人看到中国的政策理念既创新,又具延续性。其中的"命运共同体"的考量更是超越对自身利益的守护和追求,以各国的共同发展为目标的反霸权反壁垒的国家级别价值观。

在民间,命运共同体的价值观也就是中国传统文化中的"幼吾幼以及人之幼,老吾老以及人之老"。从个人的角度,能够突破自我得失,保持客观并且致力于纠正被歪曲的历史,难度更甚。

第二次世界大战结束已 75 年了,日本和周边国家依然存在领土争端,更有 75 年都没法令人原谅的"谢罪"态度。日本首相安倍晋三在战后 70 年讲话中明确表示谢罪不应延续给后世子孙,而且在慰安妇等问题上也私自认为已经解决,不应再被重提。在日本政府态度之强硬令人愕然的同时,我们也看到日本国内的意识形态并非和日本政府的态度保持一致。确实有大量能体会"幼吾幼以及人之幼，老吾老以及人之老"精神的日本人，他们当中有些人是侵华战争中的战犯，有些人是安全回到日本的旧日本军人，还有一些人是因为深入研究而了解真实历史的日本学者。前两者受日本军国主义教育，受歪曲历史的教科书影响，曾对中国、对中国人民犯下令人无法原谅的罪行，但是他们的后半生，抛开身为日本人的国家局限，秉持正确的价值观、世界观，勇敢地站出来，告诉日本民众日军发动侵华战争的真相和暴行，为全人类的利益呐喊。所以尽管他们有着不堪的前半生，但他们用生命为正义发出的呐喊都值得我们尊敬。

在战争面前，人类作为一个命运共同体，不分敌我，都是受害者。所以在对原日本战犯和原日本兵的采访中，他们每一个人在战前的生活和战后的变化，都是我非常关注的点。比如，原战犯绘鸠毅，接到征兵令时，他刚离开文部省，在长野县的女子学校任教。绘鸠被编入的侵华日军第 59 师团第 54 旅团第 111 大队，是负责占领济南周边新泰县①、莱芜县②和蒙阴县的先遣部队。绘鸠在军中负责新兵教育。他讲述在训练新兵时用中国人肉体练习刺杀，令人不寒而栗。从 1942 年至日本战败的 3 年时间里，他参与虐杀俘虏，犯下了反人类的战争罪行。战后，绘鸠在西伯利亚经历了残酷的俘虏生活，之后在中国抚顺战犯管理所受到预想之外的人道主义关怀，让他有了彻底反省过去的动力，找回了人的良心。1956 年获释后，他在回国的船上就和同伴们组织了"中国归还者联络会"，立誓终生忏悔的同时，要把战争的真相告诉更多日本民众。战后 75 年的后半生岁月里，"中归联" 1 109 名原战犯们确实做

---

① 现新泰市。
② 现济南市莱芜区。

到了。

我采访绘鸠毅时，他已是百岁老人，衣着整洁、眼神温暖，因为他的坦诚、认真和执着，周围人明知他曾有不堪的前半生，也还是发自内心地尊敬他。因为被战争裹挟的每个普通人都是受害者。我记得采访结束后，绘鸠毅的朋友还很热情地请我们一起吃了顿午餐，他周围的朋友，还有"中归联"的后继组织"抚顺奇迹继承会"的工作人员都说这个老人的人生太让人心疼，一个善良的人，战争让他面目狰狞，尽管抚顺战犯管理所的生活让他重拾人的良心，却也让他更加无法安稳度日，赎罪是他终身致力的目标。

稻叶绩，原日本兵，1943 年被征兵后进入中国战场，日本战败后继续留在山西 4 年时间，参加国民党军和八路军作战，作为"中国山西省日军残留问题"，2 600 名原日军四年里死了 560 人，因为违反波茨坦宣言，一直不被日本政府承认，只认定参加中国内战是日本兵个人的意志。稻叶绩后来被收容进太原战犯管理所，1956 年回到日本后，以逃兵处理，不只是名誉丧失，也没有任何经济补助。稻叶绩用他的后半生向日本民众诉说他所经历的战争，即使身在加害者阵营，一旦被军队和政府丢弃，照样沦为受害者。

石关慎吾，原日本兵，1944 年被征兵，原计划是被送往塞班战场，去的路上收到塞班被美军攻下的消息，转往中国南方战场。如果不是这场战争，19 岁的他和女朋友应该有甜蜜的爱情和家庭，结果却是再也没能找到他的恋人。战后，石关顺利返回日本，但是身无分文。因为从军不够 12 年，没有资格申领养老金，也是被日本政府遗弃的原日本兵。石关说，他不愿意再回忆战争中的事，因为他根本就不想从军，而且从军两年的记忆不堪回首，唯有想家的心情还有些温度。采访他和黑田千代吉之前，我本以为这些没有经历过抚顺战犯管理所教育的日本兵，觉悟应该不会太高，但没想到他们对战争的痛恨、对和平的渴望，想要对日本民众诉说的心情，和"中归联"的老人们一样。

不论战前的身份如何、战时的经历如何、战后的处境如何，这些原日本战犯、原日本兵的共同之处是，战争改变了他们原有的生活轨迹，也扭曲了他们的灵魂，好在这些人都因为不同的际遇，深知反省的重要性。相比日本政府的外交辞令，他们的反省更加真诚，赎罪的信念也更虔诚。他们反对日本修宪、反对集体自卫权，超越了国家利益局限性。人类命运共同体的概念在这里应验得更加真实。战争面前，人类都是受害者！

东方卫视18点的东方新闻，以及看看新闻Knews平台播出的"二战中的日本人"系列中，每一个人物最多也就5分钟的片长，但

为纪念战后75周年做的相关节目于上海东方卫视播出

节目中的部分受访者

是素材其实有一两个小时之多。而且这些老人年轻的八十多,最年长的近百岁,不可能请他们坐在那里接受长时间的采访。为了在有限的时间里精准抓住这个人物的特点,请他们讲述最核心的内容,采访前我还要做功课去了解这个人物的历史背景,包括他参加过的战争证言演讲会、亲笔撰写的文章等,所以每每看到播出版,欣慰的同时也会很遗憾不能呈现更多。

衷心感谢上海交通大学出版社给我出版这本书的机会,可以把播出时间5分钟之外的丰富内容完整呈现。在这本书中,我会详细讲述每一位采访对象被战争改变的命运、原日本战犯乃至原日本兵对侵华战争的反省、八路军中的日本人对中国的赤诚之爱、所有这些二战中的日本人对中日友好的热忱，以及我和他们接触后的感受，有感动，有震撼，有心疼。也许，正在翻书的你，也会同我一样从他们跌宕起伏的人生中，感悟和平年代的弥足珍贵！

目　录

一切为了和平／173

不能忘却的罪

高桥哲郎：一枪也没开过的日本战犯

1921 年　生于宫崎县

1941 年　毕业于大阪外国语大学汉语系

1941 年 7 月—1944 年 2 月　被公司派往山东济南工作

1944 年　2 月,应召入日本 12 军 59 师团司令部,负责宣抚
工作

1945 年　8 月 15 日,日本战败,随 59 师团在朝鲜被解除武
装,被苏军遣送至西伯利亚

1950 年　7 月,作为战犯被移交给中国抚顺战犯管理所(共

高桥哲郎接受采访

969 人）

1956 年　被军事法庭免于起诉，获释归国

2017 年　10 月 18 日离世，享年 96 岁

一枪也没开过的日本战犯

高桥哲郎先生是我接触最多的原日本战犯。初次见面时并不知道他曾经的战犯身份，10 多年前为了追访 731 人体试验，受到几位日本老人家的帮助，其中就有高桥哲郎先生。临别时他突然说起自己和中国很有渊源，是原日本战犯，那是我第一次接触战犯这个话题，立刻联想到侵略战争战犯们杀人无数、阴狠暴戾的罪行。但是他说没杀过人，没开过一枪，倒是对中国京剧很了解。当时就觉得这位不像战犯的战犯让人困惑。

对高桥哲郎先生的专访，前后做过 4 次，越是深入了解，越是会为这位老人感慨。任谁都会

高桥哲郎的战犯名单上有自己的名字

高桥哲郎手中的战犯名册，他每次都会带个皮包，里面装了各种历史材料，他曾经是中归联的事务局局长，文案、手稿资料有很多

觉得这位没有什么实质性犯罪经历的人，因为战争失去10多年的自由，留下的只有战犯的标签，必定会替他抱屈。但是老先生铿锵有力的一句话就把这个问题撑回去了，他说："没开过一枪，也是侵略者！"

1956年969名原日本战犯回国后，成立了中国归还者联络会，高桥哲郎是发起人之一，任事务局局长，一直到中归联解散。他后来成立抚顺奇迹继承会，集资买地成立NPO①和平纪念馆，始终致力于宣传中国政府改造日本战犯的宽大政策，为了让更多的日本人知道侵华战争的真相，积极地从事战争证言的工作。作为中归联的元老，高桥手上有大量珍贵的历史文件。每次见他，手上都拎着厚重的两个包，90多岁了还自己走来走去，让人担心又敬佩。这是多么强大的信念支撑着这位老人，40多年始终如一地为战争罪行忏悔、为正义呐喊、为中日关系奔波忙碌。

生长于天皇神话诞生地——宫崎县

日本最古老的历史书《日本书记》记录说，日本初代天皇、神武天皇诞生于宫崎县，因此宫崎县在日本全国地位超然，尤其是在日本军国主义时代，强调天皇神话中的"八纮一宇"，把统领全世界作为最高理念灌输给日本国民。宫崎县更是把尊崇天皇的教育做到极致，家家要摆放天皇和皇后的照片、皇大神宫和伊势神宫的神龛。在这种天皇至上的社会环境下，高桥哲郎出生在宫崎县乡下的商人之家，和当时所有的日本孩子一样，高桥小时候要背诵124代天皇的名字、背诵指导忠君爱国的教育敕语。高桥说，校园

① NPO：Non-Profit Organization 的缩写，是从事各种为社会做贡献的活动，不以赢利为目的的团体。

高桥哲郎接受采访前的准备

里有个奉安殿，水泥盖的，面积 1 平方米左右，高 1.5 米，供奉着天皇和皇后的照片，还有被称为"教育敕语"的一张纸，要求敬爱长辈，忠于皇室，任何情况下都要为天皇鞠躬尽瘁。每天到学校要先向奉安殿致敬，才能走进校园。高桥从小受天皇至上的氛围熏陶，不知不觉地就成了军国主义少年，心里也装着成为军人的梦想。但是，由于从小身体不好，考陆军幼年学校、海军兵学校之前的身体检查都没能合格。高桥说当时觉得很遗憾，不能一直升学进入陆军大学，因为和其他大学相比，陆军大学不需要学费，还能受到世人的尊敬，但是现在觉得幸好没考进去。

1933 年，日本脱离国联，执意在中国东北推进殖民地计划，宣扬年轻人就要去满洲（中国东北）、在满洲展翅雄飞等。受这种社会风气的影响，高桥也开始憧憬要去中国闯一闯，所以选择了大阪外国语大学的汉语专业。后来，高桥用中文帮公司在中国谈生意，用中文帮日军在山东搞宣传安抚，用中文帮战犯伙伴在抚顺战犯管理所翻译中国的报章书籍，回到日本后和中国方面的联络也还要用到中文。

逃不掉的征兵令　第2乙种合格的身体也得去战场

　　高桥说自己年轻的时候既想去中国闯一闯，又不想当兵，心情很矛盾。想着自己征兵前的体检结果是第2乙种合格，应该轮不到自己去战场。从1941年7月到1944年2月他一直在中国做营销工作，没想到1944年太平洋战争爆发，日军在塞班和冲绳节节败退，在中国战场的兵力严重不足。身体不符合条件的日本男性，即使身在外地也要被征兵。高桥说，由此也可见"大日本帝国"油尽灯枯了。高桥所在公司里有3个日本人，最终都去了战场，高桥是最早的一个。

　　1944年2月，高桥23岁时被编入强占山东泰山周边地区的侵华日军12军59师团。被编入的新兵都要接受新兵教育，这是日

高桥哲郎年轻时的照片

本军队的传统。分 1 期和 2 期，各 3 个月。新兵训练的内容是以暴力的手段加强体力、摧毁尊严，灌输所谓的日本民族优越感，把人变成唯命是从的奴隶。每个人都要背诵"军人敕语"，对待上级的命令都要当成天皇的命令那样去遵从。

"军人敕语"是明治天皇向日本陆海军下达的"圣谕"，共2 700 字，每个军人必须会背。高桥先生对"军人敕语"记忆深刻，90 多岁了还能熟练地说一段。他说，"军人敕语"很不好背，背不下来就得挨揍，每天挨揍。有时候因为一个人没背下来，整个班的人连坐一起受罚，互相扇耳光。这一点在我所采访的每一个原日本兵那里几乎都得到印证，也有个别人说没有受到过军中暴力，我想只有两个可能，要么是他运气好，要么就是往事不堪回首。

高桥在中国应召入伍，没有亲友相送，一个人走进破草席当房顶的兵营，场景凄凉。唯一值得庆幸的是，因为肺结核检查阳性，所以接受新兵教育一个月后就被分到 70 名伤病兵聚集的特殊教育部队。高桥认为正是因为被分到这个特殊教育部队，才得以保住性命。

只因会一门外语，躲开了血腥的杀人训练

按照 59 师团的惯例，新兵教育结束后，要去实战抓八路军、"扫荡"八路军解放区，抓不到八路军就抓农民回来当活靶子，演练拼刺刀。但高桥因为擅长中文，被分到师团司令部参谋部的宣传报道班，负责对当地民众和八路军搞宣传，虽然这个工作也不光彩，但总好过参加"扫荡"、执行三光政策，还有用活人练刺刀。

侵华战争后期，日军也意识到光靠暴力无法让中国人顺从，也

想用宣传笼络人心。在济南有个叫做"新华院"的集中营，关押中国军人以及强掳来的老百姓上千人左右。高桥在这些人中挑选出演员，组成一个京剧团，企图通过演出欺骗安抚中国民众。后来，同在59师团的几个人在抚顺战犯管理所相遇，互相吐露自己犯下的罪孽，高桥更加庆幸，日军犯下杀害、强掳和强奸中国民众的滔天罪行时，他在专心搞京剧团演出。但他并不认为自己因此就与战争犯罪无关。高桥说即使没有直接参与残虐的行为，日军几百万人带着枪炮侵略中国，杀了中国上千万人，每一个日本兵都是战犯，自己也不例外。

高桥的京剧团演出两次后，随着59师团的转移也就结束了。

日本天皇宣布战败的广播音质不好，听不清楚

高桥说，8月15日那天特别热，59师团在山里正在搞防御工事，准备应对苏军的攻击。上午收到司令部通知，说12点，天皇陛下有重要讲话，命令大家集体听广播。大家就都跑下山去听收音机，收音机音质特别不好，听着很费劲，但大概意思是听明白了，战争结束了。大家听完都松了一口气，扔下手里的活儿，什么都不干了。高桥说："我也是，心里想着终于可以活着回日本了。"

几天后，日军59师团被苏军解除武装，送往西伯利亚，但是苏军告诉他们的是"damoi（回家）"。5年后，又说送他们回日本，苏军对他们喊"damoi！damoi！"却是送他们去中国抚顺。这些日本兵从离家那一刻起就盼着回家，"回家"这个词对他们来说分量很重。

从"冷眼旁观中国的抗美援朝"到主动学习思想改造

1950 年 10 月抗美援朝战争期间,考虑到抚顺有被空袭的可能,日本战犯们被转移到哈尔滨监狱和呼兰监狱,一直到 1951 年 3 月,美军空袭的危险被解除,日本战犯们再次返回抚顺战犯管理所。

他们当时能看到《人民日报》,每个监房都有一个中文不错的人,高桥经常翻译《人民日报》给大家看。在朝鲜战况问题上,日本战犯们更期待美军能打过来,把他们救出去,他们认为连日本都打不过美国,中国更不可能吧,所以并不相信战况像中国媒体报道的那样,美军节节败退。对报纸广播的消息,战犯们都持怀疑的态度。但是,谁也没想到都打到中国边境鸭绿江的美军被中国人民志愿军远远地打回去了,日本战犯们的期待和信念也被打飞了,可以说是万念俱灰。这个时候,孙明齐所长在广播里说的一段话触动了日本战犯们想要学习的意愿。

孙明齐所长说:"在朝鲜,停战会谈已经开始了。你们可能会说三八线上的停战不分胜负,我可以明确地告诉你们,判断胜败的标准是看哪方达到了战争目的。朝鲜和中国抵抗美国的侵略,守护了朝鲜的独立,我们的目的达到了,所以,是朝鲜和中国的胜利!战争分侵略战争和保卫战争,侵略战争不论出于什么理由,都是非正义的战争,非正义的战争必败。防卫战争是正义的战争,必胜!以朝鲜战争为戒,关于战争希望你们能有所思考,能多学习。"

高桥说,战犯管理所希望战犯能通过学习,培养正确的判断力,战犯自己也开始渴望通过学习了解真相,双方想要学习的心情很一致。战犯管理所对战犯想要的书籍资料有求必应，战犯们如饥似渴地开始接触天皇制、军国主义之外的思想世界，如列宁的《帝国主义论》、野吕荣太郎的《日本资本主义发达史》、井上清的《天皇制的本质》、毛泽东的《矛盾论》《实践论》《论持久战》、刘少奇的《论共产党员的修养》等。如此深入地学习之后，战犯的内心也发生了变化，开始思考在日军发动的侵华战争中，自己都做了什么，罪孽之深，如何偿还。

高桥说，自己肯定不是积极的军国主义者，但思想上确实受天皇教育影响至深，相信天皇，对军队的命令虽然反感，但也会去执行。所以，如果自己身处绘鸠毅、金子安治等人的位置，自己应该也会做同样的事。所以判定战犯的标准与是否开过枪杀过人无关，高桥不觉得自己被判为战犯有何委屈。对于中国人民的痛苦、憎恨，他可以感同身受，抚顺战犯管理所就是他重获新生的地方。

反复写反省材料，每一个细节都有人核实

1953 年，抚顺战犯管理所的每个监房的学习小组通过学习建立了新的世界观、价值观，战犯们时常会倾诉、讨论过去自己犯下的罪行和自己当时的想法，通过理论与实践的结合验证日本军国主义发动的侵华战争的本质。不知不觉间就开展起了认罪运动，有些积极分子开始写坦白书。高桥说，每个人都想进步，但是对于写坦白书这件事又却步不前，毕竟是白纸黑字写下来的，不知道坦白到什么程度是自己的自尊可以承受的，坦白书的内容是否会和自己的前途挂钩，会不会影响自己回家。

就在大家为此苦恼的时候，战犯宫崎弘提出要公开认罪，在所

有人面前坦白自己犯下的罪行。包括做新兵教官的时候，把几十名中国俘虏绑在那里，让新兵练刺刀，他不光指挥，还亲自做过示范；指挥部下烧了湖北省当阳县①白杨寺村，杀了村里上百名村民……宫崎弘在台上细数自己的种种罪行，最后说："我是披着人皮的鬼，在这里我要向中国人民道歉，不论什么样的惩罚我都接受。"当时全场气氛异常紧张，日本战犯们都惊愕宫崎弘怎么敢这么坦白，完全是自断后路啊。

经历了这么一场惊心动魄的启发之后，大家看管理所的所长也没把宫崎弘怎么样，只是要大家回去后充分地学习，于是开始积极地写坦白书了。回忆起写坦白书的这段经历，高桥说，写了很多遍，但是指导员总是态度很好地回复说你再好好想想，有些人开始放大自己的罪行，希望坦白书能过关，没想到指导员也能看出来，说："每一件事我们都做过核实，所以还是实实在在地写比较好。"

沈阳军事法庭免于起诉，被释放回国

1956年，沈阳军事法庭上，高桥哲郎被免于起诉，当庭释放。回国后，高桥继续回到原来的制纸公司工作。同时兼顾中归联的反战工作，以及与中国友好团体的互动。

2010年6月20日，辽宁省举行抚顺战犯管理所建所60周年纪念大会，以及新陈列馆落成仪式，89岁的高桥哲郎和90岁的板仓清作为原日本战犯代表，随同抚顺奇迹继承会、日中友好协会和紫金草合唱团100人从日本前往现场参加了活动。高桥代表日方

---

① 现湖北省当阳市

讲话说："当时，我们所有人受日本天皇为中心的军国主义思想影响，侵略中国，对中国人民犯下不可饶恕的罪行却还不自知。受过日军迫害的战犯管理所的工作人员对日军充满憎恨，却还忍耐着自己的情绪，诚心实意地给予我们人道主义关怀。我们一步一步地深入反省自己的过去，震惊于自己给中国人民带来的伤害，诚恳地认罪。我们是在抚顺这里，才从鬼变成人。现在，管理所经过翻修，成为学习和平的殿堂，我衷心希望这里的影响力越来越大，可以不断地向世界所有年轻人传递和平的力量。"

一路辛苦，此生圆满

中归联的老人们回到日本后并没有得到日本政府的特殊照顾，相反就业都很困难，外出还要被警察监视，因为他们从中国回来，因为他们总说中国好。有些人即使找到工作也会被莫名其妙

记者第二次采访他

地辞退，养家糊口都很困难。好在第二年（1957年）中归联成立，从北海道到鹿儿岛各地支部也成立了起来，彼此有了抱团取暖的地方。大家还坚持每年都回抚顺战犯管理所去看看，保持交流。1988年还在管理所的中庭建起了谢罪碑。即使2002年由于年龄原因不得不解散，中归联的老人们也依然尽自己所能参加战争证言活动，赎罪是他们后半生的全部。

2017年10月18日，高桥哲郎因腹部大动脉瘤破裂突然离世，享年96岁，只在家人范围内举行了葬礼。

绘鸠毅：因毛泽东思想开启赎罪之旅

1913 年 3 月 16 日,生于日本鸟取县

1938 年 毕业于东京帝国大学文学系后,就职于日本文部省

1939 年 任山梨县女子师范学校上田高等女学校教员

1941 年 临时应召加入东部第 64 部队

1942 年 被编入华北派遣军第 12 军第 59 师团第 54 旅团第 21 大队机关枪中队,进入中国战场

1945 年 8 月 15 日日本战败

在朝鲜境内被苏军俘虏,押往西伯利亚,开始 5 年的强制劳动

绘鸠毅年轻时的照片(由 NPO 中归联和平纪念馆提供)　绘鸠毅(由 NPO 中归联和平纪念馆提供)

作者第一次采访绘鸠毅

1950 年　被转送中国抚顺战犯管理所

1956 年　军事法庭免于起诉，被释放归国

2015 年　离世，享年 101 岁

　　初见绘鸠毅先生，他已经是年近百岁的老人，但是走起路来步履轻松，说话也口齿清晰。开机前闲话家常时，我感慨了一下绘鸠先生的生命质量之高。绘鸠毅真是应了中国的老话"病歪歪，活得长"。刚入日军军队第一天，台上长官讲话还没完，他就因为紧张过度、身体疲劳晕了过去；跟着大部队侵入中国内陆后，因为身体不好，被留在 111 大队总部所在地新泰做了 3 年的宣传工作；在西伯利亚得疟疾也硬是扛了过来。

　　眼前这位老人面庞和善，语气和蔼，但是在侵华战争中，他指挥新兵对中国老百姓做拼刺刀的训练、强迫中国老百姓给日军探

绘鸠毅手写认罪反省书，原名石渡毅，结婚后随妻子姓

日本战犯们手写的认罪书和他们被释放回国前集体参观北京、上海等城市后的观后感文章都被他完整保存

地雷……真是无法把罪行累累的日军和眼前这位老人合二为一。

采访前，在一箱子日本战犯自我反省的亲笔手记中，我找到绘鸠毅的档案袋，原来他是入赘到绘鸠家的，本名应该是石渡毅。既然和战争相关的记忆都在石渡毅名下，我想还是用"石渡毅"这个名字来讲他的故事吧。

文部省的精英　为维护思想自由愤而辞职

1938 年，石渡毅毕业于日本最高学府东京大学的前身——东京帝国大学，专业是思想和哲学，一毕业就被文部省教学局思想科录取。时任文部大臣是荒木贞夫，原日本陆军大将，甲级战犯。当时的文部省管控思想意识，正在严查东京大学经济学部河合荣治郎教授撰写的几本书的"思想问题"。石渡毅虽然没有直接听过河合教授的课，但是对他写的书很有共鸣，没办法违心地去纠察河合教授，于是在 1939 年 9 月和好友梅本克己一起交了辞呈，辞掉了文部省的工作。

1939年开始任山梨县女子师范学校、上田高等女学校教员，一直到被征兵。

一纸临时征兵令　改变了人生轨迹

1941年7月，石渡毅28岁时接到日军的临时召集令，当时他已经从文部省辞职，正在上田高等女学校任教。他原本的人生轨迹是以教师的职业为生，钻研他喜爱的哲学，但是临时召集令改变了一切。因为是"临时"召集令，石渡还以为军训过后很快就可以回家，没想到5个月后日军偷袭珍珠港，太平洋战争爆发，石渡也被送往战场。

尽管石渡不喜欢马，也不觉得自己体力上有何傲人之处，甚至都没有挨下去的自信，但还是被分配到有马、有负荷的重机枪中队，他清楚地记得是侵华日军华北方面军第12军59师团54旅团重机枪中队111大队，司令官是臭名昭著的冈村宁次。

第59师团有12 000人，司令部在济南，一度侵占山东的主要地区。山东面积是日本北海道面积的两倍，有丰富的煤矿、粮食和棉花资源，被日军视为最重要的补给基地。疯狂抢占中国经济资源、对

绘鸠毅接受采访前，预约的场地还没到使用时间，他安安静静地坐在门口等待

抗日根据地实施"扫荡"、搞三光政策、掳掠中国劳工等罄竹难书的恶行，都是这个第59师团干的。

1942 年 5 月，石渡毅在妹妹和未婚妻的目送下出征，乘船到达釜山港，换车经山海关，进入山东境内。在中国境内的 3 年 3 个月里，石渡所在的日军主力对我八路军发动过数十次"扫荡"，石渡参加过这当中的 5 次。石渡在日军中的职位并不高，主要从事宣传和新兵训练。

新兵训练期　最令人开心的地方是厕所

石渡毅作为 7 月补充兵，进兵营后先要接受 3 个月的新兵教育。按照日军的训练风格，身心都很受摧残，扇耳光是老兵对新兵最常用的刑罚。只有学会逆来顺受，抛弃自尊服从上司的指令才能在兵营里安稳地挨下去。挨不住的人要么逃跑要么自杀，别无选择。兵营里唯一可以缓口气的地方就是厕所，在厕所里读家人的信，或者和朋友说几句话是唯一的乐趣。也有人选择在厕所里自杀。

三年后，当石渡毅升任陆军伍长、负责新兵训练助理时，他没有因为自己受过苦去宽待新兵；相反，他训练新兵时更狠，延续了日军的训练理念——体罚是最好的教育。

日本军国主义教育真的可以把人变成鬼！

视人命如草芥，威逼中国人在地雷阵开道

石渡毅在亲笔悔过书中，详细讲述了自己在战争中的罪行。

其中最令人毛骨悚然的部分就发生在1945年日本战败前两个月。当时我八路军在山东的势力逐渐壮大，破坏了很多日军盘踞的据点，日军伤亡很大，备受打击。为了支援日军在索格庄的主力部队，石渡毅带着新兵营跟随大部队从新泰前往索格庄，在抵达索格庄的100公里行军路上，遭遇八路军设置的地雷阵，改走庄稼地后也依然会被炸到。这是因为八路军设置的炸药装在石头缝或者瓦罐内，日军的地雷探查器无法探测到。为了减轻伤亡，日军残忍地让强掳来搬运重武器的四五十名中国老百姓给他们探路，死伤了四五个人，就那么扔在路边任他们自生自灭。大部队到达索格庄后抢占民房，驱赶老百姓，跑得慢的20多人被抓了当靶子，给日本新兵做刺刀训练。

石渡毅说那一天发生的事他无法忘记，终生都为此忏悔，哪怕后来在西伯利亚受苦时，也会想起那些死去的中国人。那天是200名新兵在主力部队面前的第一次演练，4名中国老百姓被分到石渡所在的中队，其中有个少年也就十五六岁。少年对石渡哭求说家里只有妈妈一个人，妈妈在等他回家，求石渡放他回家。石渡没有心软，硬是让人把4名老百姓绑在木桩上，命令新兵演练实体刺杀。当时这些新兵冲是冲过来了，但是为人尚存的良知让他们下不去手。在长官的暴喝声中一个个最终完成了实体刺杀，也留下了心理阴影。所有这些有过烧杀掳掠经历的日本人，回国后几乎都不曾对家人透露从军的经历，他们内心深处应该也是难以承受道德的谴责，潜意识里希望一切都不曾发生过吧。只有敢于面对自己造下的罪业并且真心赎罪的"中归联"的老人们，为了纠正当下错误的历史认识，为了后世的永久和平，至死都在积极地向日本民众讲述自己亲身经历的战争和自己犯下的罪行。

日本宣布无条件投降时，还在修战壕

1945 年 8 月 15 日日本天皇宣布无条件投降的这天上午，石渡毅正在朝鲜境内为对阵苏军修筑战壕，中午吃饭的时候还"视死如归"，下午就接到停止修战壕的命令。东拼西凑的消息得出的结果是，刚刚"祖国"还在鼓励他们为圣战赴死，此时"祖国"已经向敌国臣服。反差太大，有些日本兵选择以自杀的方式祭奠自己的青春，总算在战争中活下来的日本兵开始紧张盘算被俘后的前途。石渡毅还好，他想得更多的是"战争终于结束了，只要活着，就好"。石渡毅就这样结束了 4 年的军人生涯。

石渡毅所在的军队被苏军解除武装后，被送往西伯利亚修路、盖房、维护铁轨，在冬天苦寒夏天炎热的收容所挨过艰难的 5 年。回看石渡毅在西伯利亚的那段历史，他秉持康德的道德哲学观，做到了宁可被继续扣押在西伯利亚，也不肯告密出卖同袍。但是在杀戮无辜民众这件事上，他的康德哲学观彻底隐身，道德底线没能起到丝毫作用，而是顺从长官的指令，让中国老百姓探地雷、命令新兵演练活体刺杀。人性为何如此矛盾？用石渡毅的话说就是效忠天皇、服从军令的思想已经潜移默化地深入骨髓，日军对士兵的这种凶恶的军国主义思想灌输就是把人变为只知道效忠天皇的奴隶。只有军队解体之后，才逐渐找回做人的尊严和道德底线。

康德的学生，为毛泽东思想折服

这位毕业于日本最高学府东京大学文学部伦理学科、钻研康德哲学思想的学霸有着知识分子的清高和执拗，这种性格让他在社会上举步维艰，因为恩师受到文部省的调查，他愤而辞掉文部省的工作；因为有知识分子的自尊，初入日本军队没少受到军中的虐打，内心逐渐变得麻木直至冷酷无情。算上应召成为日军、被俘和成为战犯，在日本军营、西伯利亚收容所和抚顺战犯管理所这三地16年的人生经历中，石渡毅说抚顺战犯管理所里的6年生活，是他最幸福的时光。

说幸福，不只是有安稳的生活和富足的食物，对于石渡毅来说，让他倍感幸福的事情是可以随心所欲地读书，有时间读书，也有书可读。石渡毅在山东新泰大队本部做治安助理的时候，他的同学已经是日本国内某某大学的教授，彼时的他既没时间也没机会去研究他最热爱的哲学。日本战败后，被苏军俘虏到西伯利亚，别说精神食粮，正常吃饱都困难。只有在抚顺战犯管理所，特别是中国人民志愿军抗美援朝取得胜利后，日本战犯们才彻底放弃了侥幸心理，开始认真思考自己怎么走到了这一步。石渡毅先是如饥似渴地阅读日本小说、外国小说，以及哲学书籍。管理所内有很多日文版的书籍，但是每个监房只能借阅10天，这些人便搞起了手抄本，彼此换着看，或者组织学习小组，只为读懂一本书。

石渡毅在抚顺战犯管理所接触到毛泽东的《新民主主义论》《实践论》和《矛盾论》，在哲学上的天分让他体会到毛泽东思想的博大精深。毛泽东在《矛盾论》中正确预见了中国革命的进程，震撼了石渡毅对日本侵华战争本质的认知，第一次让他有了认罪、赎罪的想法。毛泽东的《论持久战》讲到为了获得最后的胜利，要贯彻军队内的民主主义，不论是军官和士兵之间、军队和老百姓之间，还是对待俘虏，石渡毅这才真正明白为什么在中国的抚顺战犯管理所能够得到人道主义的待遇。离开抚顺战犯管理所时，中方不但完整地归还了他们的个人物品，而且还送上了必要的生活用品和 50 元人民币，让他们可以买东西送家人。

因未婚妻等了 15 年　石渡毅为爱入赘

1954 年 11 月，以李德全为团长的中国红十字会访日团在日本公布 1 069 名战犯的名单，石渡毅才和家人取得联系，收到日本战败 10 年后的第一封家书，知道母亲还健在，未婚妻还在等他。在"抚顺奇迹继承会神奈川支部"组织的绘鸠 100 岁纪念演讲会上，石渡毅回忆说，他在山梨女子师范和山梨高等女学校任教的时候，绘鸠恭子晚他一年也来到学校任教于家事科。两人唯一的一次单独谈话是他在校园里锻炼的时候，恭子走过来问"石渡老师是千叶县人吗？"石渡毅回答"是啊"，恭子说"我也是"，就结束了对话。后来恭子的父亲来提亲，石渡毅说不知道自己何时就上战场了，不如等自己活着回来了再说。婚事就这样搁下了。没想到婚事虽然是搁下了，但是姑娘硬是等了他 15 年，哪怕音信全无、生死不明，由此也可见石渡毅的魅力。

1956 年 9 月，石渡毅被中国政府宽大释放，免予起诉。当石渡毅作为第三批归国日侨回到日本时已经 43 岁，恭子也近 40 岁了。石渡毅说，恭子是家里的独生女，按照当时日本的社会风气，石渡家是不可能接受让儿子入赘的婚事的。尽管石渡毅家并不缺儿子，家里有 4 个男孩儿两个女孩儿（石渡毅排行老三），传统的日本男人都很难接受入赘。但是姑娘等了他15年，同样的15年里，石渡毅的伙伴中也有人是结婚后上战场，妻子以为老公死了，就嫁给了老公的弟弟。面对姑娘这样坚贞的情意，石渡毅实在没有底气拒绝，和母亲商量后就答应了。

记忆力超群，自己电脑打字写稿

绘鸠毅写讲演稿都是自己打字，过去用10.5磅字，后来眼睛不行了，改14磅字。近百岁的老人，不光眼神好，记忆力也令人赞叹。不论是受访，还是出席演讲会，绘鸠毅都会给在场者发讲演稿文案，他自己手上什么都不拿，却能和讲演稿内容只字不差地讲一个小时，任谁都会惊诧于这位老人的记忆力之强。我问他年轻时是学霸，和超强的记忆力有关吗，他说，记忆的关键还是靠反复记，也许别人有窍门，但我没有。

作者翻找绘鸠毅档案袋1

作者翻找绘鸠毅档案袋 2

绘鸠毅回到日本后就参与成立中国归还者联络会（简称中归联），任常任委员长。2002 年由于成员们都年事已高，"中归联"不得不解散。但是后续的"抚顺奇迹继承会"秉承"中归联"的宗旨，继续坚持反战运动。绘鸠毅也是坚持着他的战争证言演讲活动。他确实做到了不厌其烦地反复讲，不论是社区还是学校，他都尽力把自己的经历清晰明了地展示给众人，长年累月地反复讲，确实是最好的记忆秘诀。

余生只为赎罪

终于回到日本的石渡毅，婚后改姓绘鸠，虽然开始了新的人生，但并没有就此轻松地享受生活，而是把余生都视作赎罪之旅。他说，"我杀害的人不能复生，赎罪也没有结束的终点。以受害者的愿望为自己的愿望，杜绝非正义的战争，追求永久和平的世界是我余生的全部。"

1956 年 11 月，绘鸠毅重回上田高等女学校任教，因为曾经的中国经历被歧视，两年后辞职。

1961 年 12 月，就任神奈川县藤泽东海岸邮局局长，工作 19 年后，68 岁时退休。

享年 101 岁，去世前还在电脑前忙碌

2015 年 1 月 3 日中午，绘鸠毅感觉背痛，老人设施（养老院）的工作人员为了稳妥，叫了救护车，绘鸠毅说自己能走，自己走上了救护车，当时看着人还很精神，没想到当晚 21 点就因为心肌梗死而去世。

绘鸠毅参与座谈会（由 NPO 中归联和平纪念馆提供）

　　绘鸠毅在世的时候，对安倍政府很不满，他说，以安倍为首的自民党，视和平宪法为劲敌，他们完全不打算去了解过去那段战争的本质，不只思想上有惰性，对正确认识历史也有惰性。很遗憾的是日本国民的政治意识依然不高，所以自民党能够以执政党的姿态掌控政权。

作者采访绘鸠毅留影

　　绘鸠毅先生不在了，但他的影响力并未消失，他所在的抚顺奇迹继承会神奈川支部还在继续为反对战争、守护和平宪法而发声。

　　注：部分细节参考《中归联》季刊

稻叶绩：没有尽头的战争和绝望

1923 年　11 月，出生于东京

1943 年　6 月，被征召入伍，参与侵华战争

1945 年　1 月，升职为见习士官

1945 年　8 月，被编入阎锡山的山西军，参与中国内战

1950 年　潜伏一年后被捕，被关押于永年收容所

1952 年　11 月，被转往太原战犯管理所

1956 年　7 月，被免予起诉，释放回国

稻叶绩

日本有一部名叫《蚂蚁的兵队》的纪录片，讲述第二次世界大战结束之后，2 600 名原侵华日军违反《波茨坦公告》滞留山西，加入国民党阎锡山的山西军，参加中国内战的往事。这些日本侵华老兵却被日本政府称为逃兵避而不谈。稻叶绩就是这些山西省残留日本兵中的一员。和其他渴望延年益寿的老人家不同，稻叶绩渴望长寿的理由有些悲凉，他说就是想等到

日本政府给他一个说法的那一天。

在稻叶绩的记忆里，日本战败后，当时的日本第一军司令官澄田𫭢四郎要求稻叶绩等人留在山西等待日军"卷土重来"。坚持了3年半后，560名日本兵带着这个念想情愿或不情愿地赴死，活下来的人回到日本后找到用这句话"激励"他们，同时又第一时间逃回日本的第一军司令官澄田𫭢四郎讨说法。稻叶绩作为代表之一进到澄田𫭢四郎的家中，然而得到的回复是"不就是想要钱嘛，你们去台湾找阎锡山吧！"

稻叶绩说："自己是日军侵略者的一员，被惩罚无可厚非，自己也心甘情愿地用余生赎罪，但是自己在日本战败后还留在山西是情非所愿，万万没想到的是回到日本后等待他的依然是绝望，蓦然回首才发现自己活的就是个笑话。明知道自己看不到有结果的那一天，但也依然希望能尽可能活得长些，也许能等到个结果呢？毕竟谁也不想死不瞑目。"

长在寺庙的通灵少年

在日本，属于净土真宗系的寺庙住持可以结婚、有家庭。1923年11月，稻叶绩就出生在这样的家庭。父亲是位于东京池袋的莲华山妙典寺的住持。稻叶绩在10个兄弟姐妹中排行第三，上有兄姐，下有一个弟弟和六个妹妹。由于哥哥早逝，稻叶绩成为家中最受重视的长子，也是妙典寺未来的住持继承人。

稻叶绩从小爱学习，家中姊妹多，他常在寺庙的墓地中看书，那里虽然安静，但是夜晚会出现不可思议的动静。稻叶绩说他看到过鬼影但是并不害怕，还会念一段《南无妙法莲华经》超度亡魂。在对稻叶绩的采访中，他曾多次提到迷茫中遇到过亡魂。一次是1944年，稻叶绩在军中考上通信学校，有天晚上梦见了姐姐，姐姐和他说"不要去打仗，一起回家吧"。后来才知道姐姐就是在那晚离世的。还有一次是1948年在文水城做间谍的时候，八路军打进来，山西军要撤退。稻叶绩仓皇中逃进山里，没有地图没有指南针，走投无路要自杀的时候，耳边听到母亲的声音，"绩，不要死，你不能死"，混混沌沌中，稻叶绩走出山林，走到太原，被一位日籍医生给救了。1956年稻叶绩被中国政府宽释回日本，在下船的舞鹤港才从家人口中得知母亲就在他要自杀的那一天离世。

稻叶绩说他不是想强调这些神神鬼鬼，他想说的是在人内心深处无比绝望的时候，会渴望被牵挂，应该是在某种巧合下，他身上发生了这些罕见的灵魂体验。回顾稻叶绩的人生，我也觉得"绝望"是他近百年人生中最为贴切的关键词之一。

大学生被逼上战场

在对原日本战犯的采访中，可以听到很多令人嗤之以鼻的"日本神话"。比如伊邪那岐命和伊邪那美命两位大神生出的天照大神，就是万世一系的天皇，创造了世界上无与伦比的"神国"日本。又比如，全日本的国民都是天皇的兵，每个人都必须效忠天皇，必须做到为天皇去死——这就是军国主义教育，也是原日本战犯们曾经深深信以为真的东西。

1942年，稻叶绩是立正大学大二的学生，当时的日本政府规定学生们白天要在军需工厂干活，晚上才能在学校上课。稻叶绩那时候通过朋友介绍，在海军省找了份和军事机密相关的工作，誊写海军密码。原本活儿不多，但是到了 1943 年，几乎每天都有日军的舰船被击沉，沉一条船就要换一次密码，每天都忙得天昏地暗。这些沉船的消息在日本媒体上是看不到的，稻叶绩借工作之便倒是很清楚日本的情况不是媒体报道的那么乐观。1943 年 6 月，东条英机内阁通过《学徒战时动员体制确立要纲》，学徒是学生的意思，之前 26 岁以内的学生不会被征兵，但是通过这个决议后，20 岁以上的大学生都可以被征兵，这也是日本兵力不足的必然结果。所以，1943 年，稻叶绩 20 岁的时候，体检第 1 乙种合格，明知道战况不利也只好被"出征"了。

都是当官惹的祸

稻叶绩经山海关进入中国后，被编入位于山东省枣庄的北支派遣军枫兵团通信队。在这里他遇到了和绘鸠毅同样的问题，是否参加军官候补生的考试，考试合格了，未来就有做官的机会。绘鸠毅坚决地拒绝了，稻叶绩顺从了。结果，考试合格后，同寝室的老兵说，"你以后当了官就会收拾我们，所以现在我们先来收拾你！"

从此后，每一个夜晚稻叶绩都会挨揍，没有理由，也不需要理由。有时长官发现他鼻青脸肿，会整治几个老兵。长官一走，整个寝室的人又把他揍一顿，用鞋底、用皮带，不只是挨揍，还有各种羞辱。稻叶绩只能在夜晚众人都歇下后，绝望地无声哭泣。

军中暴力是日军的传统，挨揍的不只是稻叶绩一个人。有些人扛不下去又无处可逃，会选择自杀。对自杀的人，日军为了掩饰会紧急集合，黑灯瞎火的去周边村落转悠，没有敌情也要发几响空枪，给自杀的人弄个战死的名目。日军这么做并不是为死者的名誉着想，而是为了把长官的责任给推卸干净。在日军那种残虐暴戾的氛围中，不只是稻叶绩一个人感到绝望。每天期待着能活着回家，同时又感觉生不如死。越是临近战争的尾声，这种焦虑越是严重。

日军在山西的对手是八路军

日军发动侵华战争期间，要面临国民党和共产党两股抗日势力。稻叶绩说，这个情况对于日军来说原本是颇为复杂的，但是在山西，日军的作战对象主要是八路军。

关于日军的三光政策和"扫荡"，稻叶绩回忆说，那时候他已经是军官，不必亲自动手。所到之处老百姓都跑光了，手下的日本兵抢老百姓家的家禽，搜出藏在夹墙里的面粉、白酒、蜂蜜等，见到什么拿什么，拿不走的就搞破坏，日军所到之处和蝗虫过境没什么分别。"扫荡"结束，回到驻地后，看新兵练刺杀，刺杀的对象是被日军抓来的八路军战士，人死后，还要割下头颅挂在城墙上示众。稻叶绩，一个长在寺庙的孩子，未来要继承住持、念的大学都是佛学院的人，即使没有亲自沾手，但也是亲眼看着这一幕幕，任其在眼前发生。所以稻叶绩说，从人变成鬼，很容易！

稻叶绩升得很快，23岁就当上了通信队的中队长，手下有近百人。1945年3月，位于运城的日军独立第五警备队搞"河南作战"，这个当时被日本媒体大肆夸耀的战役，稻叶绩也参加了。但是他说，这个战役是失败的，日军仓皇撤退的时候连和前线联络用的线路都没能收回来，靠着一个分队的掩护，大伙儿才逃了出来！

过黄河的时候，美国飞机低空飞行，稻叶绩还差点儿被美军飞机的扫射给打死，因为从来没有过正面厮杀的机会，所以也没有生死关头的体验，这次扫射让稻叶绩第一次知道什么叫"有今天没明天的生命"。

美军机也抛撒传单，传单上写着"日本输了，同意波茨坦宣言无条件投降，你们也别再战了，回日本和父母团聚吧"。长官不让捡，大家也都没往心里去，那时候的他们还坚信着"皇军必胜"。

日本违反波茨坦宣言，留下2 600人给阎锡山

1945年8月15日，稻叶绩正在太原城外的兵营忙着军需补给，准备去东北增援关东军。突然接到笹沼大队长的命令，让他们放下手头工作，把最大的无线电设备搬到大队长的房间，集合全体军官收听日本的重要广播。当听到天皇说无条件投降时，包括稻叶绩在内的日本军官们都无法相信这样的结果，甚至有人还说："我们输给美军，没有输给中国，我们进山里去继续打！"一语成谶，他们真的被留在山西继续打仗了。

日本战败投降后，国民党的阎锡山军队没有解除当地日军的武装，而是让日军换上中国人的名字，保持以往的武装编入阎锡山的军队。阎锡山想要借日军的力量和共产党打，日军20名高官也想通过阎锡山的势力躲过国际军事法庭的审判，所以留下日军的残兵败将符合双方的利益。稻叶绩说，当时日军高层对日本兵继续留守山西，给出的理由有三个：一是为了复员手续在阎锡山的管控下能够顺利操作，以便大部分的日本兵顺利归国；二是日本国内已经被美军控制，留守山西守护好这里的资源，有利于日军主力

两年后卷土重来；三是为了释放被扣押的司令官澄田睬四郎等日军高官。

残留山西的日军参与的最大一场战役是晋中会战，从1948年6月打到7月，日军死了150人。几个回合打下来，共产党军队的势力越来越强大，对山西军的包围圈越来越小，投降只是时间的问题。到1947年7月，日军留在山西的势力损失很大，重新整编为十总队，下有5个团，稻叶绩是其中第二个团的16个干部之一。稻叶绩说："那时候的日本国内正忙着战后复兴，根本没几个人还记得留守山西省的残留日军，日本战败后3年8个月的时间里，560人在和共产党军队的战斗中死亡，这些人至死都还坚信着日军主力会卷土重来、复兴祖国。"

逃着逃着，就潜伏了下来

日军从1938年开始计划印刷中国的伪钞，抢了国民党政府纸币的原版和印刷机，目的是扰乱中国货币流通，制造经济混乱。制造伪钞的地点大家都知道在登户研究所，但是日本战败后立刻烧掉了所有物证，所以无据可查。据说日军印刷了45亿元的假钞，其中30亿用来购买军需物资。稻叶绩后来被派到文水县，从事收集共产党军事情报的间谍工作时，打点特务的钱就都是日军制造的伪钞。

在文水县的一次接头中，稻叶绩得知共产党军队要打进文水县，就连夜跟着山西军逃亡，跑着跑着就剩下他自己。荒无人烟的大山里，在恐惧、疲劳和饥饿中，他想着不是饿死也是要被八路军抓住枪毙，还是自我了断吧，准备好一切后耳边响起母亲的声音，没死成。后来逃亡到太原市，又赶上共产党军队要收复太原市。逃出太原市刚过河就被山西军截住，用一把假钞买了性命，游向另一条河对岸时，又被八路军抓住，再次被送回到太原市。在太原市内劳动时，稻叶绩再次逃跑，这次他决定就地潜伏，一边找活儿干，一边攒钱回日本。然而无比悲催的是，钱攒着攒着被偷了，他还不能声张，只能从头再攒钱，这样的日子也很绝望。

1950 年，稻叶绩也记不清是哪一天了，潜伏了一年后被捕，终于结束了这场逃亡的闹剧。稻叶绩作为重要战犯被关进河北省永年收容所。两年后被转往太原战犯管理所，这里关押着原日本兵140 人。另一处抚顺战犯管理所关押着 969 人。

从恐惧坦白到积极坦白

中国政府对战犯采取人道主义宽大政策，以发自内心的反省为目的，要求战犯坦白自己的罪行。但是稻叶绩等人刚开始时并不理解，总以为坦白之后就要被处决，每天都提心吊胆地想着自己是否会被处决、何时被处决。稻叶绩也知道战争犯罪非常恶劣，对中国人民伤害极大，但是他认为自己也是被上级命令才做的这些事，被日本政府逼上战场，自己也是受害者，而且觉得自己只是默认部下的行为，比起直接杀人放火强奸的那些人总要好些吧。带着这种不平衡的心态，稻叶绩的坦白总也过不了关。和抚顺战犯管理所的情况一样，这里也有战犯开始写"作文"，各怀心思地夸大或缩小自己在战争中的罪行。对这种情况，战犯管理所方面采取一对一的反复面谈调查，派出工作组到当地核实，落实日本战犯所交代的每一条罪行都有人证物证或者档案记录为佐证。战犯们也终于明白坦白材料是不能虚构也无法隐瞒的。每次交坦白材料后，指导员都会当面指出，"你再好好想想吧，这是不是你干的，是不是还有其他的事没有反省，认真反省后写出你真实的犯罪内容"。

在太原战犯管理所的3年里，稻叶绩的反省历程也是经历了各种个人利益和良心的思想斗争。在批评和自我批评中逐渐地认识到自己的罪孽，可以站在受害者的角度考虑问题。过去担心被处决，反复掂量着如何避重就轻地写坦白书，后来认罪的思想越来越明确，想要赎罪的心情远远超过了对被处决的恐惧，只想更加彻底地反省罪孽，弥补过失。

1956年6月，太原特别军事法庭宣布免除对稻叶绩的起诉，当庭释放。

回到日本后，再次体会到绝望的滋味

1956年7月3日，稻叶绩等335名第一批归国者抵达日本舞鹤港，我记得整个采访中只有说起这段回忆时，老先生才露出了轻松愉快的笑容。

在归途的船上，稻叶绩反复地看家里寄来的照片，13年未见，生怕认错了人。下船后一眼认出弟弟，再看旁边还有个姑娘，稻叶绩嘴里说着"我回来了"，就热情地抱了上去，旁边站着的大妹妹喊了一声哥哥，稻叶绩才意识到是抱错了人，把弟媳妇当成妹妹了。

说起回到日本后的生活，稻叶绩说，时隔13年，东京已经不是他所熟悉的样子，工作和生活环境也需要去学习适应，甚至妹妹们说他的日语里夹带着中式词汇，怪怪的，听不懂。尽管有各种不适应，稻叶绩说他已经算是很幸运的了，最起码活着回来了，而且回到日本后还有家、有家人等着他，和他同船回来的归国者中有很多是无家可归的人。由于日本政府对这些归国者持谨慎观察的态度，他们人还没到家，家人就收到警方的通知，"要注意归国者的一举一动，这个人从中国回来，受过红色教育的洗礼"。

稻叶绩的战友回到日本后拿不到应有的经济补助，稻叶绩出于热心陪着一起去隶属厚生省的归国者援护局讨说法。没想到不只是他朋友被列为"当地除队"，以逃兵论处，就连稻叶绩自己也在"当地除队"的名单上。鲜红的印章"现地除队（中文：当地开除出队）"盖在他的名字上。稻叶绩说他当时就懵了，不明白这是什么情况。

1956 年 12 月，日本国会的委员会为日军残留问题举行审议会，召唤原第一军司令澄田睐四郎和原参谋长山冈道武在国会接受质询，日军残留者代表也有三人来到国会，稻叶绩是其中之一。审议会上，澄田睐四郎和山冈道武义坚称，"我命令全体人员回国，留下的人是擅自做主留下的"。虽然残留者代表们也说了很多，但是日本政府最终还是采纳了澄田、山冈的证词。

国会审议会之后，愤愤不平的残留者们堵在澄田家门口，终于获准可以选两个人进去说话，其中一人是稻叶绩。稻叶绩说，司令官的威仪依然在，一见面就被对方的气势给镇住，直到澄田说出"你们这些人，想要钱的话，可以有一辈子都花不完的钱，我写封信，你们去台湾找阎锡山。"稻叶绩说当时就觉得气血上涌，"这是钱的问题吗？你怎么和死去的人交代？"最令稻叶绩愤怒的是，这个人自己先跑了不说，临走还留下一句"我会从日本带两万援军过来，你们坚持住！"欺骗大家继续为战争卖命。

谈话不欢而散，稻叶绩两人被赶了出来。

生命不息　战斗不止

绝望之中，一起从中国回来的伙伴们聚在一起，商量着成立自

作者在 NPO 中归联和平纪念馆第一次采访稻叶绩时拍摄的稻叶绩和姬田光义

己的组织，即使无法维护自己的权益，也要把侵华战争的实情告诉日本的老百姓，让日本民众知道，日本政府发动的侵华战争中，日军从上到下在中国都干了些什么，如果中国媒体报道的"不可信"，那么就听听参战的日本人自己怎么说。前事不忘，后事之师，为了不重蹈覆辙，要认真思考、审视政治家的言行。

1957 年 9 月，中国归还者联络会成立，稻叶绩任理事。

2002 年由于中归联的老人们过于年迈，中归联的活动停止。但是它的后续组织成立了起来，有"抚顺奇迹继承会""NPO 和平纪念馆"，还有"紫金草合唱团"。

最后一次采访稻叶绩先生时，他即将 97 岁，现在住在养老院。稻叶绩说，我们终将离开这个世界，岁数这么大，又有病，也许有生之年都无法洗脱逃兵的污名，也无法证实澄田睐四郎等人的证词

是虚假的，但是，只要我还活着，这种抗争就不会停止，我不想再让其他的日本国民像我们这样被欺骗。掩盖历史事实营造出来的和平只是幻象，我们要的是真正的和平。

我采访稻叶绩先生本人或者聆听他的演讲有四次，和其他老人不同，稻叶绩先生有着更多的不甘心和无力感。他的人生无法自己把握，每一个重要节点都是被动地跟从，跟从的结果是把这一生过得凌乱不堪。唯一能让他欣慰、感到自身价值的事就是在反对战争、争取和平的战争证言阵线上，他获得了认可，这也是他这一生中的亮点。

注：部分细节参考自稻叶绩的自传《没有尽头的抗争》

稻叶绩参加战争证言活动并做演讲　　战争证言活动宣传单

上坪铁一：抱着以死谢罪的决心主动补充罪状

1902 年　4 月 9 日出生于鹿儿岛县

1908 年　7 月, 妻子大川内纪和出生

1924 年　考入陆军士官学校本科

1926 年　被编入北海道旭川步兵第 27 连队

1931 年　1 月, 结婚

　　　　　10 月, 长女纪惠子出生

1933 年　2 月, 长子宏道出生

　　　　　5 月, 随旭川第七师团的部队前往中国战场(1 年半)任中队长

1935 年　9 月, 次男隆出生

1937 年　随侵华日军华北派遣军直辖宪兵队再次前往中国战场

1940 年　11 月, 三子正德出生

1941—1943 年 7 月　任日本大阪大手前宪兵队分队长

1943 年　8 月 15 日, 次女秀子在长春出生

1945 年　8 月 24 日, 在中国通化站被苏军带走

1946 年　母子 6 人回到日本

1954 年　中国红十字会访日, 公布日本战犯名单

1958 年　5 月,12 年刑期结束,被释放回国

1966 年　秀子从东京大学毕业,在东京的家庭法院做调查官

1969 年　秀子结婚

1973 年　妻子纪和去世,享年 65 岁

1978 年　和另外六名原日本战犯重访中国　次子隆制作纪录片《战犯们重访中国之旅》

1979 年　秀子司法考试合格,成为律师

1987 年　1 月 6 日离世,享年 85 岁

2010 年　6 月,秀子和兄姐 3 人参加抚顺战犯管理所创立 60 周年纪念

　　参加过"中国归还者联络会"还在世的老人越来越少,还能清晰表达的就更少了。这时候"抚顺奇迹继承会"的芹泽先生把伊东秀子女士介绍给我,芹泽先生说,"伊东秀子女士的父亲是原日本战犯上坪铁一,是 45 名被判刑的原日本战犯之一,虽然本人已经不在了,但是他的女儿伊东女士对中日友好很热心,多次参加战争证言的活动,可以去找她聊一聊"。于是,我和我的摄像师从东京乘最早一班的飞机奔向北海道。

　　伊东女士在北海道的札幌市内有自己的法律事务所,办公室里很安静,从里间走出来的伊东女士气质优雅,说话声音很轻,轻到我要很用心地去听才行。在我采访过的中归联的老人中,他们普遍都说虽然在外面会做战争证言,但是在家里并不会多说过往的那段历史。一是觉得和年轻人说不明白,二是觉得孩子们也不爱听老人唠叨,所以身边最亲密的人往往会是最不了解你的那个人。

　　伊东女士略有不同,她结婚生子之后,丈夫去北海道工作,那

时母亲已经不在，父亲心疼她一个人带孩子艰难，常去帮她带孩子，晚上还会一起喝一杯，聊着聊着就会跟她说一定不能再有战争，那时候的伊东女士并未想太多，直到她去抚顺战犯管理所访问，了解到父亲的那段历史，才终于明白父亲为什么那么说。

家里突然"多"出来的爸爸

伊东秀子的本职工作是律师，1990年时还当选过日本众议院议员。她有1个姐姐和3个哥哥，家中她最小，也只有她是出生在中国长春，对中国有着特殊的感情。

 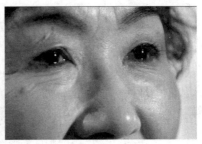

伊东秀子接受采访　　　　　　　　伊东秀子眼里的泪花

1943年，她的母亲怀着她即将临盆，她的父亲再次被派往中国战场，母亲不顾家人的反对，坚决要带着孩子们和丈夫一起去中国，好在路上很顺利，她平安地在中国长春出生。说起这段经历，伊东自己也很是庆幸，要知道在那个兵荒马乱的年代，交通不便，医疗落后，更何况是一个孕妇在路上奔波。可能也正是因为兵荒马乱，伊东的母亲才无论如何都想要和丈夫在一起吧。

1945年8月15日日本战败投降时秀子两岁，对父亲还没有什么记忆，父亲就被苏联军队带走。对她来说真正见到父亲，已经是13年后的1958年，她和母亲去舞鹤港迎接从中国被释放回日本的父亲，那年她15岁。秀子女士说，15岁以前对父亲的印象就是家中佛龛上摆放的照片，穿着军装的父亲年轻、英俊。可是真见到父亲时，父亲已经56岁，看他步履缓慢地一步步走过来，已经像个老人。这种反差让她很难和父亲立刻熟络起来，甚至连爸爸都叫不出口。

当时家中其他的孩子都在外独立生活，家里平时只有妈妈和她两个人，父亲的归来对她来说是家里突然间多出来一个人，破坏了她和妈妈两个人的和谐空间。不只是秀子，妈妈也觉得压力很大。鹿儿岛出身的男人本来就有大男子主义的传统，秀子的母亲原本也是低眉顺眼的传统日本女人，但是日本战败后，她一个人带着5个孩子千辛万苦回到日本，一个人养家，38岁开始学种田，靠着种田养大了5个孩子。13年这么熬下来，母亲也有了自己的骄傲和自负，所以再面对大男子主义的丈夫，也会不适应。

伊东女士说，"父亲从中国回来后的一段时间里，一家人精神都很紧张，不知道如何相处，父亲被家人排斥、孤立，心里也很难受"。直到秀子因为盲肠炎住院，母亲来陪床，三个人这才有了调整心态的机会。再加上父亲为了给秀子交住院费去亲戚家借钱，回来路上摔骨折……一家人在面对这些困难的时候，才重新凝聚在一起。

父亲去世10多年后才知道他曾犯下的罪孽

伊东女士说，父亲在世的时候总会说"想想日军对中国做下的事，判我死刑都是应该的，但是中国竟然放我回来了，我对不起中国""不能再有战争""战争让人变得人不像人，把人变成杀人魔鬼，让人疯癫"。当时听父亲说这些话也只当他是感叹世事而已，并未真往心里去，因为他从未说过在中国具体做了什么。直到2000年，那时父亲已经去世10多年，伊东女士和兄姐3人参加抚顺奇迹继承会·纪念馆访中团，在抚顺战犯管理所看到父亲刚从西伯利亚被遣送到抚顺时的照片，看到父亲在特别军事法庭接受审判时的照片，看到父亲的起诉书，完全无意识地翻看之下，"上坪铁一向七三一部队移交22名中国人"的内容让她很受刺激，太意外了，记忆中帮她带孩子、晚上一起喝酒聊天儿的父亲是那么可亲可敬，怎么就和臭名昭著的七三一部队有瓜葛了？秀子女士说她后来还去七三一部队遗址，看了烧尸体的锅炉，很突然地就右腿僵直无法弯曲，从纪念馆里出来时已经不能行走，应该是太过震惊，受到刺激引发了旧疾吧，回到东京后立刻就做了腰部的手术。

对于这个突然的状况，秀子女士始终无法释怀，想起1978年时，二哥曾经随父亲重返中国回访抚顺战犯管理所，还为此跟拍过纪录片《战犯们的中国重访之旅》。秀子女士的二哥上坪隆，日本战败时10岁，经历过日本战败、颠沛流离重返日本以及日本被美军左右的社会变革，经历的多，思考也更深刻。1956年，中国发放特别签证给日本人，允许家属来抚顺战犯管理所探望。当时21岁的上坪隆在抚顺战犯管理所和父亲共度一晚，回到日本之后就说想要了解更多关于中国的事，还提过想要去中国留学。后来上坪隆从京都大学毕业之后，在电视媒体工作，制作了很多反映战争的纪录片，其中一部就是陪父亲等七名原日本战犯重返战犯管理所，以及日军犯下滔天罪行的万人坑、平顶山纪念馆、七三一遗迹时，跟拍的纪录片《战犯们的中国重访之旅》。上坪隆去世后，他的孙子也对曾祖父的历史产生兴趣，一个中学生用三年的时间，根据曾祖父和祖父与中日战争的关系写出了题为《曾祖父的遗言》的报告文学。用家族的传承向世人发出反战、要和平的呐喊。

伊东女士说，在二哥拍摄的纪录片中，看到父亲站在七三一部队遗址的焚尸炉前痛哭谢罪。上坪铁一说："这 20 年来，我一直惦记着再次来中国，向中国人民道歉，祭奠告慰死难者，今天终于了了这个心愿。"上坪铁一还对儿子上坪隆说："不要杀人是我们家的家训，你要告诉你的孩子，永远遵守这句话。"秀子女士绝对是个正直纯良的人，说起来父辈犯下的罪孽于她并无直接关联，但是说到父亲犯下的战争罪行，对中国人民的伤害，伊东女士眼角湿润，语气中有深深的歉意和忏悔。她说，父亲在中国犯下的罪行对她震撼之大，可以说几乎改变了她的人生，也才终于明白父亲留下的

上坪铁一的曾孙

上坪铁一的曾孙对他的历史有兴趣，了解他的战争罪行后，制作成报告

遗言中蕴含的深意。

上坪铁一的遗言：兄弟姐妹要和睦生活，要为中日友好尽力，绝对不要再有战争。

众望所归地成为职业军人

上坪铁一的人生，应该是错误的社会背景下被误导的一生。

上坪铁一，1902年4月9日出生于鹿儿岛县大浦村，有1个哥哥和2个妹妹。在他幼年的时候，日本在日俄战争中获胜。日本当时的社会风气以军人为荣，家里要是有个军人，那是一家的荣誉。上坪家也是，父亲期待上坪能成为军人，从小就让他接受武士道教育，鼓励他去东京的陆军士官学校预科。上坪24岁时毕业于陆军士官学校，多次被派往中国战场。

上坪在家人的热切期盼下终于成为一名职业军人,然而到他的孩子们出生后,他的妻子对孩子们只有一个愿望,"我只希望我的三个儿子哪个都不要去从军"。好在孩子们都很有出息,上坪的5个孩子中,大儿子东京大学毕业,研究物理,研发了世界闻名的大型放射线设施 Spring-8;二儿子京都大学毕业,从事电视传媒工作,拍摄了多部反映战争的纪录片;三儿子东京大学毕业,研究莎士比亚文学。

1945 年日本战败投降后,上坪在通化站被苏军带去西伯利亚,从此和家人失去联系。也许是有所预感吧,上坪离家时和妻子说,"今天不知道会发生什么,把孩子们养好"。伊东女士的母亲享受过日本宪兵在中国的特殊待遇,也经历过日本战败后一路逃难回国的落魄,回到日本后,一个女人 38 岁开始学着干农活,养大了 5 个孩子,生活的各种艰辛难以想象。秀子女士说,母亲对日本发动的侵华战争看得很明白,她说过"占领别人的国家,还把中国人当奴隶一样使唤,我一直觉得日本做的这个事儿不对。中国能让你父亲活着回来我已经感激不尽。"

把 22 名中国抗日人士交给 731 部队

日本宪兵队嚣张恐怖,上坪铁一就曾经是宪兵队队长。关东宪兵队创设于 1905 年日俄战争之后,总部在中国旅顺。1931 年九一八事变后,日本占领了中国东北三省,宪兵队的总部从旅顺迁往奉天(现在的沈阳),以抓捕反"满"抗日人士为主。1935 年 12 月,东条英机任关东宪兵队司令官,以"妨害满洲国建设"为名,抓捕、迫害共产党员等抗日爱国人士。1945 年关东宪兵司令部从奉天迁往通化，8月15日日本宣布战败投降时，上坪铁一正在四平任宪兵队队长，8月24日在通化站解除武装后被苏军直接带往西伯利亚。

在上坪铁一亲笔书写的陈述书中，他回顾了从1933年到1945年在中国所犯下的罪行，特别是1944年以后的内容最令人侧目。

"1944年任鸡宁宪兵队长时，抓捕1名做苏联间谍的中国人，计划策反后收为己用，但是经过核实后发现这个人所提供的都是假情报，遂移交哈尔滨宪兵队，送往石井部队做细菌研究。"

"1944年任东安宪兵队长时，拷问反满抗日人士几十人后，把其中8人移交哈尔滨宪兵队，送往石井部队。"

……

"以上，我任鸡宁、东安队长时，抓捕中国抗日爱国积极分子，把他们当中的大部分人移交给石井部队，用于非人道主义的细菌实验，我对中国人民犯下严重罪行，我认罪。"

侵华战争期间，上坪铁一把22名中国人移交给臭名昭著的石井部队。

战俘—战犯—反战卫士

伊东女士说，父亲生前没有写过任何回忆录，也没有详细讲述过那段历史，伊东女士后来是通过日本厚生省的记录、其他中归联老人的回忆录和上坪铁一亲笔写的供述书才勾勒出父亲那段空白的历史。

1945年上坪铁一被苏军带走后，先后在乌苏里斯克（双城子）、哈萨克斯坦、乌兹别克斯坦等地的战俘营从事修路、伐木、采矿等体力劳动，每天的食物只有早晚两次的 300 克黑面包和一点粥，生活条件非常艰苦，腿脚也是在西伯利亚冻坏的。1950 年 7 月他们被送往中国，在绥芬河换乘中国火车后，给他们每人分发了两片白面包、两个煮鸡蛋和萝卜泡菜，还有医护人员上车来问他们是否有人身体不舒服。5 天后下火车换乘卡车时，战犯们看到解放军 10 米一个人的持枪警戒状况，又看到目的地的牌子上写着"抚顺战犯管理所"，从诧异、愕然到愤怒，这些人还认为自己只是战俘而已，怎么就成战犯了？一直到中国取得抗美援朝战争胜利，日本战犯们自以为是的"优越感"才逐渐被打碎，这些只知道天皇为尊的日本战犯在抚顺战犯管理所接触到全新的社会科学书籍。原本出身农民和劳动阶层的原日本兵们第一次认识到自己是帝国主义的牺牲者，逐渐认识到日本发动的战争是侵略战争，这种思想进步在低阶日本兵中涌现后，逐步向高阶军官阶层扩散。各监房的小组讨论，发展为同阶层战犯的小组讨论，开展起批评和自我批评的坦白运动，每个人都有了焕然一新的神采。

坦白也不是战犯自己想怎么说就怎么说，1951—1954 年，最高人民法院东北工作组的几百名工作人员为这些坦白书核实证据，因为年代久远证人已经不在，或者因为语言不通受害者无法准确指认，工作组会根据日军留下的文件逐一核对，请专家鉴定，避免人为隐藏罪行或者夸大事实，确保供述书的客观性、真实性。

1956 年 7 月 20 日，抚顺战犯管理所和太原战犯管理所共 1 100 名战犯中，只有 45 人被特别军事法庭判刑，其他人都被免于起诉。上坪铁一被判处 12 年监禁，由于西伯利亚被拘留的时间也被算作刑期，上坪铁一在 1957 年秋就被释放。当时中日两国还没有恢复邦交，协调好船只后，1958年5月，上坪铁一和藤田茂（原陆军中将，原第59师团的师团长）等人同船回国。藤田茂因为指挥烧、杀、抢的"三光"作战等罪行，被判刑18年，因服刑期间表现良好被提前释放。后来成为"中国归还者联络会"的首届会长，至死不渝地坚持反战和平运动。1980年离世前，90岁的藤田茂留给家人的遗言是："我是中国人民的学生，即使是死，我也不会忘记中国的恩情，不忘中日友好，我死后，给我穿上周总理送给我的中山装，这是我最后的愿望。"

其实，在我最初开始采访这个主题的时候，最不爱听原日本战犯说在抚顺战犯管理所的物质生活有多好，精神生活有多丰富，所以我特别理解当时战犯管理所的工作人员的心情是有多纠结，凭什么要对这些战犯那么好！通过采访的深入，看到他们对中国的感情那么赤诚、对日军发动的侵华战争剖析得那么彻底，哪怕是自己的国家也能批评得毫不留情，我才明白斩断仇恨的锁链，促进友好这句话是多么到位。看藤田茂和上坪铁一的遗言，就可以知道中国政府做出以人道主义精神宽待战犯的决定是多么英明。

接受军事审判之前，自己补充罪状

伊东秀子女士仔细查询了父亲的供述书后发现，在接受特别军事法庭审判之前，父亲竟然还对自己的供述书进行了补充。

7月29日补充：

"1944年11月，将勃利分队逮捕的90人中的10人按照特别移送手续交给石井部队，其余人释放后有2人因为严刑拷打而死亡。"

"1944 年 8 月—1945 年 2 月，在鸡宁、平阳、东安地区抓捕 9 名地下抗日工作者严刑拷打，其中 8 人移交哈尔滨宪兵队后被送往石井部队。"

7 月 30 日补充：

"我当鸡宁、东安宪兵队长时，命令部下逮捕地下抗日工作者，严刑拷打 150 多人，其中 44 人被移交给石井部队，拷问致死者 2 人。但是，没有交代出来的数字应该比我记忆中的数字要多，我向中国人民谢罪。"

因为父亲已经不在，无法和他本人确认，但是根据父亲生前的言行，伊东女士认为父亲应该是在呈交最初的供述书之后，对自己的罪行又有了更深刻的认识，即使不是自己亲自做的事情，有可能部下做的犯罪行为也承担了下来。写下了"向石井部队移交 44 人"的具体数字的同时，还补充说"还有自己忘记了的部分，所以确切的数字应当比交代的数字还要多，我向中国人民谢罪"。伊东女士既心疼父亲，也为因父亲而惨死的中国人痛心，她说："我父亲当时应该是认识到自己的罪行足够判死刑，也存了以死谢罪的心理准备。"

伊藤女士回忆起和父亲在一起的日子里，父亲常常说，"战争发生得总是很突然，一旦开启就无法遏制，这就是战争"，似乎父亲一直在担心战争会再次发生，所以他才坚持宣传和平的重要性，甚至留给孩子们的遗言都是"要为中日友好尽力，绝对不要再有战争"。采访结束，秀子女士神情疲惫，回忆对她来说忧伤多过美好，每一次述说都会让她很伤心。也正是因此，秀子女士并不怎么接受媒体采访。临别时，秀子女士还在遗憾父亲在世时，没能更多地听到他亲自讲述那段历史,留下诸多遗憾。

　　注：文中部分细节参考伊东秀子女士撰写的《父亲的遗言》

伊东秀子撰写的关于她父亲的书

伊东秀子在工作

西尾克己：长寿是为了让更多民众了解战争真相

1919 年　12 月 14 日生于岐阜县

1938 年　2 月,19 岁,加入"满蒙开拓青少年义勇军内原(茨城县)训练所"

　　　　4 月,前往伪满洲国牡丹江省宁安县①"宁安大训练所"

1941 年　5 月,22 岁,应召入长春的"满洲第二步兵独立守备第 7 大队第 2 中队"任重机关枪弹药手兼翻译

1942 年　3 月,23 岁,在热河参与三光政策

西尾克己

----

① 现黑龙江省牡丹江市下的宁安市。

1943 年　3 月，24 岁，在热河从事鸦片种植和收购

1945 年　8 月 16 日，26 岁，任陆军军曹

　　　　11 月，被苏军俘虏，从事地下采矿作业

1950 年　7 月，31 岁，被引渡到中国抚顺战犯管理所

1956 年　7 月，37 岁，被沈阳军事法庭免于起诉，释放回国

1995 年　6 月，协助仁木富美子在兴隆县无人区的调查

2000 年　9 月，参加抚顺战犯管理所开设 50 周年纪念访中团

2006 年　9 月，86 岁，和仁木富美子一起，时隔 63 年前往兴隆县谢罪

2013 年　7 月，93 岁，入住惠那市养老院

2018 年　11 月 16 日去世，享年 98 岁

　　西尾克己夫妇俩住在岐阜县风景不错的养老院里，我去过三四次，最后一次见面是 2017 年夏天。夫妻俩住在相邻的两个单人间，当初养老院这边问他要不要把墙壁拆了，20 万日元（约 13 000 元人民币）就可以打通成一个房间，西尾回答说不必，走门就行。也不知道是怕浪费还是怕老伴儿絮叨。

　　其实两人感情很好，干什么都形影相随。我们采访西尾先生时，他的老伴儿就坐边儿上听着，尽管这样的话题她已经听过上百回。两人之所以这么和谐，可能主要还是因为他们都有过伪满洲讨生活的经历。西尾先生的老伴儿那时候还叫松原弘江（嫁给他之后改为西尾弘江），在伪满洲佳木斯医科大学看护科考下护士和保健医生的证书，战后回到日本后靠着这个资格证才继续从事医护工作。2018 年 10 月 8 日，弘江女士离世，享年 90 岁。之后西尾先生靠着点滴坚持了 40 天也随老伴儿去了。

回顾西尾先生这一生，19 岁参加"满蒙开拓青少年义勇军"，踏上中国的领土。22 岁在中国当地被征召入侵华日军，在河北省参加"三光"、罂粟作战，日本战败时 26 岁，在千岛群岛的占守岛投降，被苏军押往西伯利亚 5 年，再被引渡到中国抚顺战犯管理所 6 年。37 岁时被中国政府宽赦回到日本。为了前半生犯下的罪孽，余生都在致力于战争证言的研究和演讲，弥补心中的愧疚。甚至对于自己长寿的理由，他说，为了让更多的日本民众了解战争真相，珍爱和平、守护和平，他要努力地活着。

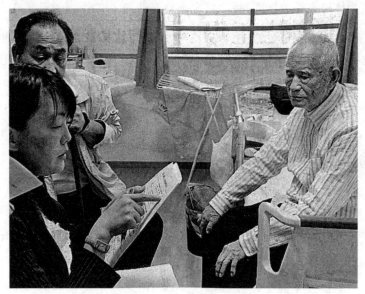

作者第一次去岐阜县专访他

一门心思想要把儿子送进军队

1919 年，西尾克己生于岐阜县惠那郡（现在已经升级为惠那市）鹤冈村，位于岐阜县、长野县和爱知县三县之间的山区。西尾的父亲是村长，家中有5男1女6个孩子，西尾克己是家里第四个男孩。西尾家和祖父母还有叔父一家生活在一起，全家17口人，原本是生活不错的。但是在西尾念小学时，父亲的制丝工厂倒闭，祖上传下来的山林和土地都要卖了还债。所以西尾小学毕业后就四处打工赚钱，15岁时去东京的点心铺子做学徒。

西尾的父亲很执着于让孩子去当兵，西尾16岁时被叫回家参加军队的考试，结果3月考海军没合格，5月考陆军也没合格。都因为体格不符合标准，肺活量也不够。西尾说，"我当时已经在东京做学徒工了，但我父亲说现在是战争年代，有志青年得参军，他逼我去考了海军考陆军，都被考官说身体不合格。我父亲无法接受这个结果，考官说劳动一年把身体练结实了再来考，应该能让我合格，父亲就又激动了起来，请求考官说明年不论海军还是陆军请一定要收下我"。这位一心想让儿子参军的父亲，后来再也没能见到儿子。

西尾的父亲西尾茂重是鹤冈村的村长，家里有5个儿子，1个女儿，其中四个儿子都去过中国战场，大儿子和三儿子活着回来了，五儿子是小学老师，被送去战场后再没回来。西尾排行第四，但实际上西尾的大伯早逝，父亲娶了大伯的妻子，也接纳了大伯家的三个儿子，所以实际论起来，西尾才是父亲的第一个孩子，应该是很受珍爱的。西尾被带去西伯利亚后音讯全无，父亲坚信他一定还活着从未放弃寻找他，然而遗憾的是在西尾回日本的前一年父亲因病去世了。不知他是否后悔过自己当初的决定。

考试失败后，西尾去亲戚家的陶瓷厂上班，夜里在青年学校

(针对小学六年级毕业后就去为军需劳动而没能继续升学的人设置的社会教育)继续学习。因为之前有两年时间在东京打工,再回到学校里各方面都跟不上,感觉很不如意。过去的同学都能用手枪射击了,他还轮不到摸枪的机会。焦躁的心情让他想离开家乡。恰逢此时青年学校的老师也在发愁征召"开拓义勇军"的事,为凑人数,四处询问谁想去,问到西尾这儿。西尾家的田地所剩不多,兄弟又多,西尾排行第四,就更分不到土地了。所以西尾想也许去伪满洲国可以弄到些土地,而且没准儿还能躲开征兵呢。西尾说,"我在亲戚家的陶器厂干了一年,正犹豫是去考海军还是考陆军的时候,有个满蒙开拓青少年义勇军,老师劝我借此机会移民去'满洲'。我也觉得干农活儿比去陆军或者海军要好,就在中日战争期间去了中国的东北。"

参加岐阜县第一批 "满蒙开拓青少年义勇军"

"满蒙开拓青少年义勇军"是面向全国招收 16—19 岁青少年的开拓团,打着去伪满洲国开垦土地的名义,其实是培养日军的后备军事力量。岐阜县出去的义勇团开拓团员 2 697 人,加上其他的开拓团员 9 629 人,共有 12 326 人被送去了中国,这个数字在日本全国排名第五。西尾参加的是岐阜县的第一批"满蒙开拓青少年义勇军"。1938 年 2 月,19 岁的西尾和同村同县的人集合,乘车经东京去茨城县,先在茨城县的内原训练所接受集体生活的训练。早上五点半起床,跑步、上课、为天皇唱赞歌。下午学习开垦技术,练武士道。50 天的集训结束后,1938 年 4 月 17 日,西尾所在的第一批义勇队开拓团出发去伪满洲国,这批孩子 5 000 人扛着铁锹乘火车、转渡船踏上中国的领土。

当时的伪满洲国有日军5个训练所，西尾去的是其中的牡丹江宁安训练所。到了之后第一件事就是要先盖出自己住的房子，因为是第一批"满蒙开拓青少年义勇军"，所有准备都很仓促，提前倒是有人给他们搭了一些简易房——日本传统的茅草房，只要下雨，床上的被褥就是湿的，所以人到了之后就要重新盖房子。西尾在这里的生活依旧是被军事化管理，干活、训练，偶尔还要被欺辱，少年西尾努力地活着，希望一切都能好起来。

西尾原本是想来中国开荒，能有一片自己的土地，但是他来了之后看到，所谓的开垦就是从中国老百姓手里把明明有人耕种的田地巧取豪夺弄过来，在中国老百姓的眼中，"开拓团"的日本老百姓也是侵略者。而且，原以为只是干干农活儿，还能免去被征兵，没想到农活儿越干越少，去修路、盖房子，给关东军搬运物资、军事训练倒是越来越频繁。3年后，西尾结束"满蒙青少年义勇军"训练所的全部训练，被送往沙河桥开拓团。1941年3月到1945年，63 700多名经过军事训练的"满蒙开拓青少年义勇军"的年轻人被送往各地的"满蒙开拓团"。

1941年5月，西尾22岁时收到了日军在当地征兵的命令，要他前往长春满洲第2独立守备步兵第7大队第2中队报到。那时的西尾还幻想着当3年

作者第三次去岐阜县专访他1

作者第三次去岐阜县专访他 2

兵后，继续去种地。

我干了很多坏事

西尾说，"我干了很多坏事，我在（河北省）兴隆县，和共产党的军队作战，当时是八路军。为了剿灭八路军，日军在当地驻屯，关押中国人，让他们从事农业劳动，给日军提供粮食，完全不顾他们的个人意愿，强迫他们在土地上劳作，早上 8 点放他们去地里干活，下午 2 点再关起来。我的任务就是监视他们进进出出"。西尾还说，"我亲手射杀过中国的农民。我所在的单位是重机关枪队，每次射击是 30 发子弹，在那里干了 4 年半，从弹药、射手，干到分队长，最后我的职位是下士官。一个小队 20 多人，我负责机关枪小队之间的联络和指挥。我杀过中国人是事实，我想应该有几十人"。

西尾深感罪孽深重，有件事尤其难以忘怀。1941年6月日军在马兰峪行军。当时，小队长抓了2个中国农民，怀疑他们是八路军的探子，让他们交代。农民说，他们在高粱地里不是躲日军，就是在高粱地里两个人说说话。小队长见问不出什么，就挖坑把他们埋了起来，施加灌水、烤火等各种酷刑。

西尾作为护卫兵，管着机关枪的同时，因为中文不错，也当翻译。西尾就被叫过去帮忙翻译，西尾说："想要命就说实话，否则就杀了你们。"其中一个农民说："你们怎么都是要杀我们的，随你们的便吧！"小队长当场就用枪把这个人杀害了。小队长有10年军龄，枪法很好，打中眉心，血柱冒出来2米远。然后，小队长说："西尾，你把剩下的那个中国人杀了。"西尾虽然会开枪，但并没有这么近距离开过枪，他学小队长朝头开枪，结果打在肚子上，第二发才打到脸上，也喷出了血柱，人就这么死了。

西尾说这是他脑子里永远无法忘记的画面，被害者的样子到现在都还历历在目。后来收到中队的无线电联络，说发现了八路军的踪迹，小队长就带人先走了。西尾挖了深坑把这两个人埋了，临走还觉得人会不会出来，拿着工具又是拍又是踩的。西尾说后来时常会从梦中惊醒，出冷汗，好像看到双手沾着血。

违反国际条约，种植、收购罂粟

1941年9月—1944年1月，西尾在热河活动。参与了两件事，"三光"作战和鸦片作战。日军发动侵华战争期间，长城以北的关东军、长城以南的华北派遣军共7万人，对当地140万中国民众,实施了杀光、烧光、抢光的"三光"作战。杀戮了 10 万中国人,强行掳走 226 000 人,被送往日本和伪满洲国挖煤、修工事,最终活着回来的人不到 10%。在西尾的家乡岐阜县,从 1945 年 4—7 月,有 1 689 名中国人被强掳去煤矿、矿山、发电站劳动,工作环境恶劣,生活条件苛刻,有 72 人死亡。1956 年西尾回到家乡后,就积极参与将这些中国劳工的遗骸送还中国,还有修建纪念碑的公益活动。

1943 年,23 岁的西尾作为特务机关成员之一,在伪满洲国热河省兴隆县五指山的无人区命令当地民众种植罂粟,把收购的罂粟制成鸦片贩卖,获得的收益用于日军占领区的财政和军事费用。根据西尾的记录,1943 年度,伪满当局在热河指定的罂粟栽培面积有 30 万亩,占总耕地面积的 2%。每到收罂粟的日子,烟农心惊

第三次采访后,照片被刊登在抚顺奇迹继承会的刊物上

《中归联》刊物

胆颤，怕交不够数，当地还搞宵禁，夜里在外行走的人就地枪决。西尾晚年翻译了不少关于热河罂粟的资料，对自己从事了 11 个月沾染罂粟的罪孽，内心是深深的忏悔。

西尾说："鸦片是国际社会指定违禁品，日本也是认可这种国际条约的，而且当时国民政府也提出了五年禁烟计划，所以日本军国主义的鸦片作战违反了国际法，也践踏了中国的法律。"

1944 年西尾从中国东北转战北千岛，一直到日本战败那一天，被苏军押往西伯利亚。

凭什么把我们定为战犯？

1950 年 7 月，西尾克己等 969 名日本战犯被送到中国抚顺战犯管理所，当他们看到牌子上有"战犯"的字样时开始和解放军闹，解放军（同志）只是微笑着离开，请了他的上级来，用和缓的语气给战犯们讲道理，日本战犯们也就闹不动了。

西尾还记得第一顿饭吃的是高粱饭，因为特别饿，管理人问够不够，战犯们都说"不够，不够"。管理员说，"马上做，等一个小时就好"。后来战犯们都吃太多了，因为吃多了还拉肚子。西尾说："管理所的中国人不仅给我们吃饱饭，人格上也很令我们尊敬。我们吃高粱饭吃够了，提出按照国际规定请给我们吃白米饭。战犯管理所报告给周总理，周总理回复说等半个月，让他们吃上白米饭。其实在当时的中国，大米是很贵的，但还是让我们吃上了白米饭。"西尾说在管理所的日子里，冰冷的心就是这么一点一滴地被感化。

管理所要求战犯们有空多学习，虽然分发纸和笔，但是由于当时物资有限，纸张供应不足，每个人都只能发一张纸和一支笔。西尾说，战犯们就把字写小点儿，就这么一天天地反省、坦白，逐渐地战犯们都有了忏悔的情绪，重新审视自己的罪孽。有人开始反省自己在中国到底都干了些什么啊！一开始是普通的士兵，后来下士官、将校都开始自我反省，知道自己有罪于中国人民。

西尾说自己曾经在中国作战，犯下了滔天罪行。《三国志》中最有名的诸葛孔明说"喜不可纵有罪、怒不可戮无辜"，广义上说就是任何有罪的人，都不能轻易就杀掉。"我在新中国的体会就是毛主席周总理贯彻了这个思想（从宽处理战犯），也只有中国能做到这个程度的宽大。"

西尾86岁时，终于去兴隆县完成了他的谢罪之旅。

归国后　求职艰难

1956年中国政府对日本战犯实施宽大政策，1 062人被释放回国，其中包括西尾在内的20人是岐阜县人。到家后不久，就被警察传唤，详细询问在抚顺战犯管理所的经历，内定的工作也泡汤了。其他人也好不到哪儿去，很长一段时间都找不到稳定的工作。但就是在这么艰苦的条件下，岐阜中归联还完成了中国人殉难者慰灵活动，参与了欢迎中国红十字会代表团的活动，完成了《三光》和《隐藏在洞穴中的十四年（刘连仁）》两本书的推广。

西尾积极参与中归联的活动，家里收藏了各种和中归联有关的历史文物，连他回日本前用中国政府发的50元人民币买的箱子都还留得好好的。1966年中归联内部因为意见有分歧，分裂为"正统"和"中联"两派，西尾哪边都不站队，对两边寄过来的文件都认真保存，所以在20年后的1986年，两派为了迎接抚顺战犯管理所访日团的到来，顾全大局再次统一时，只有西尾能拿出有关中归联的全部记录。也幸亏西尾这位有心人，才没让中归联的历史出现断层。

长寿，就是为了做战争证言，宣传和平

西尾说："虽然我很长寿，但是我在战争年代，想的是自己随时会死，根本没想过自己能活那么久。战争中死去是太正常不过的事了，而且是为了天皇陛下而战，更是死不足惜。我做梦都梦见我父亲鼓励我说以死效忠，那时候的军国主义就是这样的，根本不把个人的生死当回事儿。战后我被送到西伯利亚，苏联调查谁曾经和八路军作战，把我们移交给中国人民解放军负责的战犯管理所。正是在那里，我才第一次知道人活着是有尊严的，不能轻言自杀。虽然人都难免一死，但是应当听天命尽人事。回到日本后，我更爱惜自己的生命，为了孩子，为了家庭，要好好地活着。我坚持反战活动，参加和平研究会等多个团体的活动，做战争证言，找到生活的意义，这可能也是我长寿的原因吧。"

"我才不要被摆在靖国神社"

对于参拜靖国神社的问题，西尾说："靖国神社里供奉的是为天皇战死的军人。不只是普通士兵，也有像东条英机那样的甲级战犯。这就不对了，虽然都是死人，但不可相提并论。日语里有句话说这个事儿就是'大酱和大粪搅和在一起'。我对靖国神社这个事很愤慨，我才不要被摆在靖国神社里。"

西尾先生的晚年在老人公寓里度过，周末时儿子会接他和老伴儿回家去看看菜园子，后来身体越来越虚弱，老人公寓的花盆里种的菜都没有精力去打理，能做的事越来越少，他的内心是很焦虑的。我最后一次去见他时，他说："现在这个时代，最应该向年轻人传递的就是何为真正的和平，以及核弹、核武器、核武装的危险。但是我深感无力再去做这些事。"

注： 部分细节参考西尾克己的《三万五千日的人生》

西尾克己夫妻(由 NPO 中归联和平纪念馆提供)　　西尾克己在养老院

藤原恒男：将忏悔之情融入女儿的名字

1921 年　6 月 14 日出生于日本岛根县

1942 年　2 月，被征召加入侵华日军第 39 师团

1945 年　8 月，被苏军押往西伯利亚

1950 年　7 月，被引渡到中国抚顺战犯管理所

1956 年　9 月，被释放回日本

1957 年　5 月，结婚

1961 年　7 月，女儿梨华出生

2005 年　5 月，83 岁时因交通事故死亡

　　藤原恒男，出身于日本岛根县农家，1941 年随侵华日军在中国参与"三光"作战，残杀中国老百姓。日本战败后经历了西伯利亚 5 年、抚顺战犯管理所 6 年，1956 年才时隔 15 年重返日本家乡。藤原回到日本后的生活更加颠沛流离，搬了 9 次家，换了 10 份工作，退休时还完贷款也没有存款。好在身边的太太时子是最懂他的人，夫妻俩忙碌一生最终归隐田园，开始自给自足的生活。夫妻俩用废旧材料盖起一幢环保又有爱的房子，成为日本田园生活的先驱者，受到日本媒体的关注。

　　藤原夫妇之间无话不谈，藤原去世后，时子又帮他整理笔记，可以说对藤原的人生，特别是藤原在中国的人生，时子是最了解的

人。所以，虽然坐在我面前讲述的人是时子女士，但是我听到的宛如藤原本人的心声，这种相濡以沫、心意相通的感情很是令人感动。如今，时子女士也已经不在了，看着照片中我俩的合影，无比感叹人与人的缘分也许只有那么一天，但是通过她的讲述和我的记录，人生是可以以各种形式留存的，为她和她的先生祈福！

20 岁随侵华日军踏上中国的土地

藤原是家中的长子，从小体弱多病，12 岁以后才逐渐好起来，谁也没想到这么个病弱的孩子长到 20 岁参加征兵体检，竟然还是甲种合格！"甲种"的概念是不论体质还是精神都很能适应战场的级别。

藤原在岛根县滨田市接受新兵训练，在这 1 年的时间里，藤原和大部分新兵一样，没少受老兵的欺负和虐打。受军国主义教育的藤原并未以此为戒，在他有资历训练新兵时，他把同样的手段也用在了新兵身上，当时的他认为这是合理的。

1942 年 2 月，藤原随侵华日军经吴淞口上岸，踏上中国的土地。被编入第 39 师团 232 联队第一机关枪中队，驻扎在湖北省荆门县①杂树店。参与日军的"三光"政策，对中国老百姓烧杀抢掠，做下让他终生忏悔的罪孽。比如，1945 年襄樊战役中，抢占老百姓家住了两三天，临走的时候吃光了人家的家畜，菜地里连吃带拔，搞得乱糟糟，能拆的家具都劈了烧火用。再比如，藤原曾经强行抓走一个正在地里干活儿的农民，让他在日军行军时扛行李，直

---

① 现湖北省荆门市。

到过了扬子江，走到清溪河，农民被流弹贯穿了大腿，这个伤势虽然暂时不会死人但也没法再往前走了。藤原冷着心肠拿起行李就撇下了他。

还有藤原虽然未曾参与，但是亲眼看到、亲耳听到的日军虐杀中国老百姓的事情。藤原被从白阳寺阵地调派到对面山头马鞍山后，用望远镜看到了白阳寺村落被猛烈炮火轰击的情况。几天后回到白阳寺阵地，听到战友说起骇人听闻的事。战友告诉他："大队长下达前所未有的命令，让我们把人都杀了，房子全烧掉，想干什么干什么。我们就把人关在屋里烧死，孩子扔到悬崖下面，婴儿摔死在青石板上，见到女人就强奸，一家一家地杀过去。"

在藤原的回忆录中写道："我参与'三光'作战的三年半时间里，夺去了70多人的生命，他们都是抵抗日军的人，我用拿笔写字的这只手扣下扳机，射杀了他们。这是永远都无法挽回的罪孽。每每看到河水，我都会想起被我丢弃在清溪河边的中国男人，不知道他拖着受伤的腿，又身无分文是否能活下来，是否能走回他的家？我抓他的时候，他曾经哀求我说老婆病了，家里还有几个小孩子，家里不能没有他。我虽然没有杀他，但是因为我掳走了他，他家中的妻子和孩子还能活下去吗？我的罪孽何只是他一个人！不知道他的伤后来怎么样了，是不是回到他的家里了。我得到中国的宽恕，可以回到自己的家，还结婚并有了孩子，获得了这些幸福的同时我会更加痛心忏悔我曾经犯下的罪孽。"

中国竟然有白面包！

1945年8月15日，日本战败投降后，藤原不想做苏军的俘虏，曾计划和两个朋友一起落草为寇，长官听说后阻止了他们，还告诉他们说 3 个月就可以回日本。结果被苏军带到哈萨克斯坦卡拉干达州做煤矿的加固工程，又被送到哈巴罗夫斯克（伯力）做土方沟渠作业，在零下 30 摄氏度的西伯利亚，在冻土上别说挖沟了，就是想抠下火柴盒大小的泥土也不容易。当地只有土豆、洋白菜、胡萝卜、黄瓜和西红柿，一年到头都是这几个菜，只是换换烹饪方式而已。在这样的地方，藤原生活了 5 年。直到 1950 年 7 月接到苏方的通知——"你们将经由某国回日本"。听到这个消息，日本战俘们最担心的就是被送回中国，他们知道自己在中国都做过什么，一旦被送回中国，被制裁是少不了的，也许还会被判死刑。

藤原等人乘苏联的货运列车到中苏边界后，转乘客运列车，中方的工作人员上车来用日语对大家说："你们被中华人民共和国接管，但是今后决不会让你们说肚子饿这样的话，现在请先吃这些面包吧。"藤原拿到白面包还有热茶，惊叹全中国解放也就是去年的事儿啊，怎么中国人都能吃上白面包了！之后，一行人在抚顺火车站下车，沿街有持枪士兵警戒，有些屋顶上也有士兵持枪监视，藤原等人默默地跟着走，一直走到有高高围墙的黑色砖瓦建筑前，挂的牌子上写着"中华人民共和国直辖抚顺监狱"。

从"我只是执行命令"到"我有罪"

抚顺战犯管理所的生活比西伯利亚要好太多，没有强制劳动，能吃饱饭，可以自由组织合唱、演剧、舞蹈小组，还能看电影。在这里，藤原看过意大利的《自行车小偷》、印度的《暴风雨》、中国的《白毛女》。这些看似是娱乐，其实都在教育、启发战犯们深入内心地自我反省。

在我对原日本战犯的采访中，不止一个人提到一个有趣的现象，刚到管理所初期，大家发现生活很美好，还学会了打麻将，还有运动会，但是没过多久，有那么一天突然觉得再这么玩儿下去没意思，忽然就想看书了，想了解更多关于中国、关于资本主义，关于共产主义的问题。于是，在战犯们的主动要求下，管理所提供了相应的哲学书籍、毛泽东的《论持久战》等关于抗日战争的书籍。虽然都是日文版的，但是日本战犯们的文化水平参差不齐，有些人只会读假名（类似于中国的拼音），读不了有汉字的书，还有人虽然识字，但是内容深奥了看不懂。于是，十五六个人居住的一个房间里自动就分成几个学习小组，从互助学习一本书到开始讨论日本发动的战争本质是什么。按照藤原的说法是，不知何时开始，小组讨论争执不下时，管理所的指导员对大家说："即使认为对方的观点是错误的，也不要全面否定对方，应当先反省自己是否有哪怕1%的错误，通过反省才能真正达到解决问题的目的。"指导员说的这段话触动了战犯们的思想改造，战犯们开始了自我反省、批评与自我批评。在这个思想改造的过程里，战犯们也清晰地意识到自己的罪孽，不再坚持自己只是执行命令所以无罪的想法。

每个人都开始写认罪书，一遍一遍地写，写完之后还要在小组里讨论，因为当初分房的时候是按照同级分类的标准，所以一个房间的人基本上都是知根知底，撒谎很容易被揭穿。认罪书要写到什么程度，是否实话实说，都说了会不会增加自己的罪行，别说回日本，会不会还要死在这里？藤原回顾这段经历时对时子说过，"中国政府对日本战犯的制裁标准是，宽大处理坦白罪行、诚心诚意谢罪的人，但是那些隐瞒罪行、妄图蒙混过关的人必将受到人民的制裁"。认罪活动告一段落后,战犯们还把自己的经历编写成舞台剧、歌曲,在合唱团、舞蹈、话剧等小组里演出。

回到日本后的藤原在艰苦的生活中,还不时地会想起在抚顺战犯管理所的生活,冬天家里烧炭火取暖时会想到管理所的暖气,村里连个医生都没有,但是管理所里有 3 名医生 5 名护士。有对比才知道中国政府不仅没有虐待,而且还很照顾日本战犯,正是这种放下仇恨、宽赦于人的宽大胸怀才让日本战犯逐渐地从鬼变成人。甚至可以把一时的悔过延展为一生的忏悔,并且终生坚持还原历史的反战事业。

回国后的生活更艰难

1956 年 9 月,藤原被免予起诉并且当庭释放,回日本前还被安排参加了中国国内的旅行。当藤原在天津塘沽港乘兴安丸离开中国时,心情很复杂,时子说:"有一首歌叫《东京—北京》,是祝愿中日恢复邦交正常化的歌,积极从事中日友好运动的日本人都会唱。兴安丸上下一直在唱这首歌,藤原说他当时特别激动,吹他的小号,一直吹到嘴唇发麻再也吹不出声音。"

藤原带着回家的心情回到日本,但是当时的日本政府对这些从中国回来的日本人并不亲切。藤原回到日本的第二天开始,村里的巡警就每天来查看他。藤原结婚后,巡警还去时子娘家查看,借口说你家的书真多啊,就擅自进屋翻看书柜里都有什么书。

工作上也不是很如意,藤原先后在建材、冶炼、矿山、橡胶、煤气用具、印刷业等领域工作,工资都不高,夫妻俩的工资加一起也才将将够生活,但两个人始终保持积极向上的心态,努力地活着。

藤原还和原太原战犯管理所的战犯佐藤荣作成为朋友，两个人一个写诗，一个搞印刷，为社会底层的劳动者印制发行《底层诗集》。时子说："我们生活上是很贫穷，但那时候的我们精神上很富有。"

辗转了9份工作之后，夫妻俩终于搞起了"藤原印刷"的店铺，印刷名片、小广告。两个人都很勤劳，也能吃苦，但是接的活儿都不是很赚钱，还有买设备的贷款压得两人喘不过气来，每天忙到夜里12点，凌晨4点爬起来接着再干。时子说："我们每天都在拼命工作，没有休息日，每天就睡不到4个小时，我们生活得非常简朴了，可是到了月底还是要为钱发愁。我们开始思考为钱忙碌的人生是正确的生活方式吗？是不是可以考虑自给自足的生活呢？"

终于，在还清贷款的当天，两个人关掉店铺，回到岛根县。在三瓶山脉的村子里用两年的时间，自己动手用废旧材料盖起了155平方米的三层房子。两个人都不是搞建筑的专业人士，也没有图纸，完全根据材料的大小随时调整房子的构造，所以房子里的屋顶都不一样高，走廊的地面也不够平，但是环保，还有当地罕见的花窗玻璃装饰。因为这栋立意新颖的房子，远亲近邻们都愿意过来聊一聊，藤原夫妻俩很快就在这里有了朋友，再加上自己种菜、种小麦，可以自己烤面包，独家制作大豆咖啡，不只是过上了他们理想中的田园生活，无意中还成为日本最早期自给自足生活方式的领军人物，被十多家日本媒体报道过。

不可思议的缘分

藤原和时子的老家一样，都是日本岛根县富山村。虽然同村，但是因为时子的父亲在14岁（1904年）的时候就去中国做生意，时子又是在中国出生、长大，所以两家人并不熟悉。时子父亲的生意越做越好，抗战期间一家人还曾经回过富山村，当时村子里还因为时子家从中国回来探亲热闹了一阵子，那时藤原正准备去中国战场，印象中看到过时子一家。彼时藤原20岁，时子7岁。第二次是1954年，以李德全女士为代表的中国红十字会10人代表团访日，公开了被关押在中国太原和抚顺战犯管理所的日本战犯名单之后，藤原的家人开始往抚顺战犯管理所邮寄信件和包裹。其中有一个鲭花鱼罐头，在当时算高级货，还是藤原的父亲特意去当地农协买的，而时子那时候正在农协上班。第三次是1956年，藤原从中国被释放回国，富山村里为他举办了盛大的欢迎仪式，要求村里每家必须有一人到场。时子女士说，那天在小学礼堂，会场有500人，那是时子第一次看到藤原，不过当时忙着和从东京回村里探亲的表姐聊天儿，完全没去听藤原都说了什么。说到这段儿经历时，时子笑得淘气极了。

后来，藤原也被安排在村里的农协销售部工作，和时子在一个职场里。两人有了说话的机会，越聊越投机，发现彼此的人生观、世界观、价值观都很一致，但是时子当时是有未婚夫的，还在同一个单位。两个人为了走到一起也是各种波折。1957年5月，两个人结婚，辞掉了农协的工作，也搬离了富山村，藤原的父亲给他盖的新房子还没住多久也只能舍弃了，为了爱情，两个人放弃了很多东西。

时子女士说，结婚后的生活一直在贫穷中挣扎，但是两个人始终一心一意地一起努力，做什么都是奔着一个目标共同进退，所以从没觉得厌恶或者想要逃离。唯一的遗憾就是藤原去世前七个月，他们的女儿梨华因病去世，时子难过得怎么都打不起精神来，对藤原也没有往日那么体贴。没想到就在时子意志消沉的时候，藤原又因为车祸去世了，时子很后悔没能在藤原最后的日子里好好照顾他。2015年，时子整理藤原的笔记，代他出版了回忆录，现在被珍藏在岛根大学附属图书馆。

但其实藤原痛失爱女的伤心可能更胜于时子。梨华是藤原夫妇的独生女儿，生于1961年7月，是藤原40岁才有的掌中宝，取名梨华是因为夫妻俩都和中国有缘，在中国有藤原无法偿还的罪孽，也有藤原无法报答的恩情，而且中国有很多梨树，梨花盛开时洁白精美，因而希望女儿像梨花一样纯洁美丽，这是"梨"。"华"是中华人民共和国的"华"与"花"的双重寓意。梨华生前也曾经积极从事反战的民间活动，最让藤原感动的是梨华有一天和他说"我也和爸爸妈妈选择了同样的路"。

作者采访藤原时子时与她的合影

时子女士的晚年有孙女和左邻右舍的陪伴，依然生活在夫妻俩用学校、社区活动室还有农场拆下来的废弃材料，自己动手盖起来的木屋里。夫妻俩在这个木屋里生活了 21 年。很遗憾，时子离世后，这栋房子也被拆除了。

藤原实实在在地向时子讲述过自己在侵华战争中做下的罪孽，这让从小在中国长大的时子也产生反省的共鸣，时子说："如果不是和藤原在一起，可能我都不会意识到自己在中国曾经富足的生活也是'侵略'的产物。"

黑田千代吉：中国军民的齐心对抗让日军部队狼狈不堪

1924 年　10 月 15 日，出生于埼玉县

1944 年　19 岁，毕业于国铁教习所普通部，被编入侵华日军华南派遣军 2904 部队

1946 年　3 月 31 日，复员

1951 年　27 岁，毕业于国铁教习所专业部，就职于国铁大宫工场的管理业务

1980 年　56 岁，退休；就任东京工业高校讲师

1990 年　65 岁，辞去高校讲师职务

黑田千代吉接受采访

2020 年　97 岁，生活在养老院

黑田千代吉，19 岁被征召加入日军，虽然没有开过枪，但是在接受新兵教育时，用刺刀杀害过被日军抓捕的中国人。他和大多数的日军一样，并未受到过战争犯罪的制裁，战后还幸运地回到日本开始新生活。但是，这位老先生也有忏悔之心，后半生都致力于"维护宪法第九条，坚决反对战争"的社会活动，只是觉悟没有中归联的老人们那么高，还停留在"我只是受上级命令才会有这些罪孽"的水平上。通过对他的采访，我们可以看到侵华战争末期，日军在军需和自信两个方面的衰败情况。

采访黑田先生，是在他家中的书房，日式的布局，榻榻米上支个宽大的炕桌。桌子上摆满了各种书籍，墙上挂着他曾经参与的行军路线图，外人看着乱糟糟，他本人感觉很自在的样子，写写画画，东西都在他随手能拿到的地方。老人和儿子一家生活，我们采访过程中，他的孙子进来露个脸打了声招呼，是个很帅的小伙子。四年后我再打电话去问候的时候，正好是这位小伙子接电话，告诉我说爷爷因为身体原因，已经入住附近的养老院。家里人每个月都会去看他。

黑田对战争的回忆主要是两个方面，一是侵华战争时期他在军中受的苦，二是为杀人忏悔。他和我们讲在中国内陆地区为了和日军主力部队会合，忍着饥饿和被中国军队袭击的恐惧，在华南地区走了 5 个月，3 000 多公里，1 200 人的新兵队伍走到终点剩下不到 400 人。的确过程很苦，结果很惨，但完全是咎由自取，谁请你们来走了？侵略、践踏在他人的国土上，本来就得不到好下场的。黑田是个很乐观的人，庆幸自己虽然参与了侵华战争，但是没有开过枪。黑田在中国战场不到两年的时间里，主要任务就是全力追赶大部队。他对战争的记忆就是行军，每天都在走、走、走！

"20岁想不去当兵都不行，老实待着！"

黑田也是受军国主义教育长大的，从小也是满腔的忠君报国思想。好在他有个冷静的父亲（不像西尾克己的父亲，非要把儿子送去军队，海军、陆军哪儿都行，只要肯收下），黑田的父亲曾经是负责皇居（即天皇的住所）周边安全的近卫步兵连队的军人，有着和普通老百姓不同的心态。黑田十五六岁的时候想和朋友一起报名"航空预科练习生"，被他父亲臭骂一顿，父亲说"等你到20了，想不去当兵都不行，现在老实家里待着！"

1944年4月，黑田19岁，参加征兵体检，因为身高只有1米55，被定了"第一乙种合格"。三个月后，就收到了大宫市役所（大宫市政府）发来的征兵令，还写着"祝贺"的字样。黑田说收到这个东西，手都有些抖，去战场就是去送死，有什么可"祝贺"的？父亲的反应是只说了一句"还是来了"就再也没说什么，母亲紧张地抓着黑田的手不停地嘱咐"不要喝生水"。那个年代的日本人因为医疗条件、生活环境太差，深信喝生水会生病甚至会死。

黑田被分配到侵华日军第27师团步兵第2联队（即2904部队）。日军27师团是1901年《辛丑条约》签订后最早驻华的军队，1937年就是这支部队发动了卢沟桥事变，挑起了全面侵华战争。在进入这支部队之前，黑田先去位于东京的东部六部队报到。父亲把他送到地方之后，黑田先进去领军装，从里到外换上军队的衣服之后，父亲拿着他的衣服依依不舍地挥手告别。黑田说，一同入

营的1 200人,战后回来的只有400人,所以在和家人告别的那一
天,对于其中的800人来说就是永别了。

日军军需困难,给新兵的装备相当敷衍

1944年9月11日,黑田在博多港上船,黑田问长官目的地是
哪儿,长官很不屑地说"你一个小兵有知道去哪儿的必要吗",从
那时开始黑田就处于不知道目的地在哪儿,只能坚持跟着走的行
军生活。现在听起来觉得很荒诞,但那时候的黑田认真地执行长
官下达的每一个命令。上船后,每个人发一节20厘米粗、1.5米
长的竹子,长官说如果受到潜艇攻击,船沉了,就抱着竹筒跳海。
黑田说当时一看连个救生衣都没有,手枪还是20人共用一支,心
里就偷偷地想日本战败是早晚的事。

船到釜山港后,改乘火车经过鸭绿江、沈阳、山海关、北京、黄
河,一路南下,在南京对岸的小村庄浦口站下车后乘船抵达南京。
在南京狮子山兵营休整期间,日军搞拉练去了12千米远的中山
陵,黑田在陵前对孙中山先生叩拜了一番,他祈祷的是和平,希望
战争尽快结束。

在军队里混得还不错

黑田是在进入中国之后开始接受新兵训练的。训练内容包括
露营训练、散兵实战训练、战斗训练和刺刀训练。根据他的说法,
他没有受到过老兵的暴力对待,而且混得还不错,就是训练强度太
大,总也吃不饱,每天又累又饿。练匍匐前进的时候钻到地瓜田

里，顺藤摸瓜就能牵出地瓜来，新兵们实在太饿了，趴在那儿就吃上了。

一次训练中，有长官来巡视，可能看到了他们的小动作。训练结束后，长官拔出军刀喊道："今天的训练中，某人的行为是给日本帝国军人抹黑，立刻给我站出来!"在场所有人都吓得噤声不动，20分钟，40分钟，1个小时过去也没人出头。黑田想为了大家，不如就牺牲自己一个人吧。他心里默念着南无阿弥陀佛站了出来，所有人，包括他自己都以为要完蛋了。没想到长官收了军刀还表扬他说，"你很有勇气，很好，这才是日本军人，你可以回去休息了。"甚至还奖励他回营房后先吃饭先洗澡。黑田说那是他人生中最难忘的荣耀时刻，也因此，黑田后来没怎么受老兵的欺负。

1945年2月，为了和大部队会合，黑田所在的部队将要从武昌出发。出发前班长发给每人一张军用明信片，让大家写遗书给家人。黑田写的是："父亲、母亲，你们好吗？我很好。从日本出发来中国的时候没能见到你们，我很想你们。我把爸爸妈妈的相片放在胸口的口袋，我没有喝生水，很注意健康。我要出发了，爸爸妈妈，再见。"出发前的最后一顿晚餐很丰盛，酒也管够，都喝多了之后，日本兵之间开始相互嘱托，"我要是死了，后事就拜托你了"，"我的后事也拜托你了"。第二天酒醒之后，集合队伍准备出发。长官鼓舞士气的方式很奇特，他拔出军刀指着日本方向说："和家乡告别吧，痛快地哭出来，哭够了才能视死如归!"和保家卫国视死如归的英雄泪不同，日军长官煽情之后，周围响起的是绝望的哭泣声。

风雨、饥饿、伤病和死亡的 3 000 公里行军

由于铁路线被破坏，日军从武昌站乘军用火车到五里牌之后，就不得不开始步行，开始 3 000 公里的行军。由此可知我八路军以及平汉铁路工人炸毁铁路的必要性。没有地图，没有方向，这伙 1 200 人的新兵开始了盲目的行军之旅。走 45 分钟，休息 15 分钟，队长一说"休息"，休息的指令就会逐个地从头传到尾，就听见咣当咣当倒地的声音跟着"休息"的指令向队尾扩散。每个人都像烂泥一样瘫在地上。黑田说饥饿还好，口渴最难忍，因为饥饿可以去抢粮食，口渴的时候只能揪脑袋上遮阳的树叶，含在嘴里获得点滴的水分。漫无边际的行军路上，既要紧张被八路军袭击，又要忍耐身体的疲劳，有人走出了"神经病"的症状，用手枪、手榴弹自杀。

后来遇上飞机扫射，这伙人改为白天睡觉，夜里行军，走四五个小时后扛不住困倦袭来，黑田说他是走着走着就睡着了，睡着睡着惊醒，然后又睡着，这时候队长会扇他耳光，让他保持清醒。后来改为三四十人两列纵队走，两端拴上绳子，看上去很像小孩玩儿的开火车游戏。别人的战争是战火硝烟，黑田的战争是排着队走、走、走。

终于从武昌走到衡阳，以为可以结束行军了，上面又通知说不必再追第 27 师团步兵第 2 联队，改追 131 师团 591 大队。在后面的行军中，衡阳→耒阳→郴县→乐昌→曲江沿途，日军有的被我八路军俘虏、消灭，有的因为生病死去。日军光是在行军途中的损失就很大，加上补给欠缺，连焚烧完一具尸体的燃料都不够，日军采

取只烧一只手或者一根手指的方式处理尸体，就是这样也需要
3—4个小时才能完全处理好。

5月抵达曲江时，之前还耀武扬威的日军官兵们已经狼狈不
堪，黑田说，"那样的画面真是见不得人，每个人身上挂着的衣服破
破烂烂，扛在肩上的枪头挑着换洗的衣服，脚上的鞋子开着口，拖
拖拉拉地走着，和当时的日本媒体所描述的日军形象相差甚远。"
然而，行军还要继续，曲江→南康→赣州，一直走到6月16日在赣
州被编入第591大队，150天、3 000公里的行军才算结束，出发时
的1 200人，在这3 000公里的路上，因为体力消耗大、军备紧缺、
疟疾、营养失衡、被袭、自杀和逃亡等种种原因，只剩下不到
400人。

在这种每天傻走的情况下，即使是从小受军国主义教育长大
的黑田也开始质疑何为忠义。说是为国而战，但是饿死在为国而
战的路上算忠义吗？国家发一纸征兵令把人送上战场，又不给必
要的粮食补给，眼看着"为国而战"的人就这么饿死，这是忠义吗？
黑田一直也没想明白为什么要让他们这些新兵在"敌人"环伺的
地区没完没了地行军，真的有这个必要吗？

上香求赎罪

在驻地训练中，老兵带来一个被蒙着双眼的中国人，分队长命
令两名新兵分别摁住中国人的手，老兵举着枪在外围警戒、监视新
兵的动作。大家都知道这是要拿活人进行刺刀训练，对没有反抗
能力的人，正常人都下不了这个手。黑田也一样，他说他当时的想
法是如果可以，真希望能从这个地方消失。但是分队长说："谁想

逃避,就按阵前逃亡罪论处,不听命令的,按照阵前抗命罪以陆军刑法处置,当场枪毙。"也就是说如果不对这个中国人下手,自己就要被打死。其实,面对这种你死还是我活的抉择并不陌生,3 000公里行军路上,有人倒下时,很少有谁会去伸手帮扶一把,因为都知道保存体力就是活命的根本,所以在选择是帮助他人活命还是保存实力让自己活得更长些时,普遍的选择结果都是视而不见地走过去。而且,一路走下来除了抢老百姓的粮食,他们也习惯了就地宰杀牛、羊、鸡、青蛙和蛇,黑田见过老兵在中国老百姓家中抓到鸡后,用鞋底踩着鸡脑袋,两只手抓着鸡身子,就那么一拽,鸡头掉了,血喷一地,杀戮的手法暴戾残忍,人的内心已经变得和野兽没什么两样。生命在这些日本兵眼中已经一文不值,他们可以冷血到眼睛都不眨地把人当成鸡鸭牛羊那样随意杀戮。

分队长喊"前方就是敌人,谁出来应战",没有人出头,黑田这次没有主动站出来。沉默的时间只有几秒或者几分钟,但是静寂的紧张气氛让人感觉好像过了好久好久。分队长又喊道:"违背命令者就地枪决,喊到名字的站出来!"没想到第一个被叫到名字的就是黑田!同为日本人的话,黑田会毫不犹豫地舍弃自己利益,保全大家。但是面对将要被虐杀的中国人,黑田没有纠结太多,完成了对活人的刺刀训练,然后每一个人都完成了这个训练。在他演示的动作中,我看到了杀气。

黑田说:"那晚心情太难过,睡不着。"日军战败后,黑田如母亲所愿,活着回到了家里。然而,战争中的所做所为,让他一辈子都在忏悔中无法释怀。后来有机会再去中国时,黑田去了一座大寺庙,上高香虔诚祭拜,他在佛前忏悔说:"年轻的时候,我在战争中做了很多坏事、令人厌恶的事,请原谅我。"

对于已经发自内心忏悔的人来说，每每回忆这段杀人的过程都会很煎熬，但是黑田在做战争证言时都会讲述这段历史，他想用亲身体验告诉日本民众，日军在中国领土上做下的不为人知的事实，作为活着的昭和史（侵华战争发生在日本的昭和年代，所以称为昭和史），他想让子子孙孙都能知道这段残酷的历史，告诉孩子们和平有多么可贵。

中国军队有中国人民的支持，这场仗日本打得很累

黑田说，江西、湖南、广东这些3 000公里行军的地界都是中国军队最有实力的地区，所以日军的损失很大。中国军队采用诱敌深入的作战策略，让日军进入中国内陆深处，不战都可以把日军消灭光。而且中国民众受到抗日教育后，不只是藏粮食，干农活的时候还关注着日军的动向，点烽火发信号，随时报告给中国军队，或者破坏桥梁和铁路线路，用各种方式抵抗日军的进犯。这些抗日行动，直接导致日军粮草不足、无以为继，让日军的行军变得艰难又漫长。到战败前，日军的境况可以说是越来越惨。这场不该发生的战争，由日本挑起，也让日本自食恶果。

日本宣布战败投降4天后，才得知这个喜讯

8月15日，日本天皇宣布无条件投降。但是直到四天后的8月19日，黑田所在的日军长官才肯相信战败是事实，才通知了日军上下日本战败的消息，让大家把各自枪支上的皇家纹饰立刻磨掉。多数的日本兵都很开心终于不必再行军、可以活着回家。这

些人喊着日本传统的庆祝口号，"万岁、万岁"庆祝战争终于结束。在等待归国船的日子里，黑田说吃得比行军时要好太多，简直云泥之别，还长了五六公斤。他很感恩中国军队对日军俘虏的优待。1946 年 3 月 27 日，黑田在上海市政府前的广场上接受随身物品的检查后，登上日本海防舰归国。黑田说回想过去，特别是在回日本的船上，耳边听到的海浪声、船身摇晃的感觉都好像做梦一般近在眼前，作为和平的受益者，他最了解战争的残酷、和平的珍贵。

黑田对战争深恶痛绝，对战后日本政府的处理也很愤慨。他说："坦率地讲，侵华战争中，日本派兵几十万去中国，我觉得是应该道歉的。安倍首相应该代表政府坦诚地道歉，靖国神社也不应该供奉那些挑起战争的甲级战犯。联合国的法庭已经把他们判定为甲级战犯，如果还把他们和一般日本兵合祭在靖国神社，我怎么想都觉得当时的日本政府做的这事儿太令人费解了。"

2020 年，黑田已经是 97 岁高龄，住在离家不远的老人院里。本想再去看看他，但由于东京的新冠病毒疫情还很严重，东京每天的新增感染者都在 100—200 之间上下浮动，10 月份日本全国的感染人数已经超过 10 万人。日本的老人院从 2 月开始就一直谢绝外人探视，而且听黑田先生的孙子说，他的耳朵也不行了，就是打电话问候也已经无法交流，只好放弃了再会的想法，祝他身体健康吧！

注：部分细节参考自黑田千代吉的《战场的尽头》

土屋芳雄：在中国烈士墓前下跪谢罪

1911 年　土屋芳雄出生于日本山形县南村山郡西乡村

1931 年　12 月 1 日,成为侵华日军满洲公主岭独立守备队步
　　　　兵第 1 大队第 3 中队步兵

1934 年　4 月 1 日,成为齐齐哈尔宪兵队宪兵

1945 年　8 月 15 日,作为战犯被押往西伯利亚

1950 年　7 月 15 日,被押往抚顺战犯管理所

1956 年　7 月 18 日,被中国最高人民检察院免于起诉,即日
　　　　释放

1956 年　7 月 28 日,从塘沽港出发回国

1979 年　9 月,参加中国归还者联络会总会

2001 年　10 月 30 日去世,享年 91 岁

2012 年,围绕钓鱼岛问题,石原慎太郎(时任东京都知事)、河村隆之(时任名古屋市长)等人再次发出不和谐的声音,甚至当时任日本首相的安倍晋三还去参拜靖国神社,这种对历史没有反省意识的态度,严重伤害了中国、韩国等周边国家人民的感情。但与此同时,日本民间一个叫"京滨协同剧团"的话剧团开始公演反映日本战犯的原创剧目《人证——源自某宪兵的记录》,该剧团倡导反省、谢罪的姿态,与当时的日本政府形成鲜明的对比。

京滨协同剧团成立于 1959 年,是由当地工厂的工人和居民联合创建的川崎地区话剧团,已经上演了 140 多部作品。剧本创作和田庸子、主演护柔一是夫妻俩,一个开朗健谈,一个内敛深沉,性格非常互补。京滨协同剧团和渡边义治、横井量子的夫妻剧场相似又不尽相同的是,虽然都是夫妻俩做主创,但是京滨协同剧团还有其他演员,也有自己固定的剧场,而且,夫妻俩和侵华战争并没有直接关系,他们努力讲述历史事实的执着令我非常感动。

和田庸子创作《人证——源自某宪兵的记录》是因为 3.11 东日本大地震中,日本政府和东京电力公司对核电站事故不负责任的态度令她很愤怒,回想一下又发现这种不负责任的态度也不是第一次了,日本对发动侵华战争的责任也没有认真考虑过。是原日本战犯土屋方雄,也是这部剧的原型说的一句话警醒了她。和田说:"土屋芳雄先生常说的一句话是,不要只追究国家的责任,自身也有责任,他的后半生一直是坚守这句话,并身体力行地做战争证言,忏悔自己的罪孽。"

《人证——源自某宪兵的记录》讲述的是原日本战犯土屋芳雄在侵华战争中作为宪兵残害中国民众(直接或间接杀害 328 人,拷问、逮捕 1 917 人),但是在抚顺战犯管理所不但没有受到报复性的虐待,反而受到人道主义的宽待,逐渐发自内心地开始反省自己的罪孽。这部舞台剧想要强调的就是人是可以改变的,不论这个人在战争中曾经多么暴戾,在抚顺战犯管理所经过教育感化后,还是可以找回人性的。

土屋芳雄死于 2001 年,和田为了完成这部剧的创作,只能寻找很多关于土屋芳雄的资料,以及了解他的友人,用了近一年的时间才完成剧本。听了和田的讲述,查阅资料,还有观看了他们的演

和田庸子的丈夫在演出

与和田庸子夫妇在他们自己的排练场合影，楼上是他们的家，楼下是排练场兼剧场

出之后，土屋芳雄这个人的形象在我脑海里逐渐鲜明、生动了起来。

出身穷苦人家，为了多赚军饷主动去当宪兵

土屋芳雄生于 1911 年，家境贫寒。因为祖父嗜酒，不断地借高利贷，家里总有还不完的债，土屋家是村子里最穷的。土屋家有 10 个孩子，因为营养不良夭折了 3 个孩子，存活下来的 7 个孩子中，土屋是家中的长子，他 16 岁就和父亲做工赚钱养家。

17 岁时，为了缩短兵役时间，土屋参加了青年训练所，农村青年基本上都走这个路线。每个月去参加两次军训，背诵强调忠君爱国的《军人敕谕》，这样两年的兵役可以缩短为一年半。而且那个时候的日本农村流传着没参加过青年训练所就不算是男人、也娶不上媳妇的说法，土屋本就因为家里穷被人看不起，要是连媳妇也娶不上就更在村里抬不起头来，越是自卑的人越是要积极地去青年训练所。

1931 年九一八事变之后，9 月 30 日，联合国通过决议，要求日本关东军从中国撤兵。两天后，关东军参谋石原莞尔就起草了《满蒙问题解决案》，提出把中国东北从中国版图上切分，有需要的话，还可以让在中国东北的日军脱离日本国籍，处处彰显侵略、吞并中国的野心。11 月，日本关东军占领齐齐哈尔后，土屋从神户港出发，随日军前往中国。没发新军装也就算了，还又是弹孔又是血痕的。这让一直想着靠军功改变命运的土屋，第一次有了自己也会死在战场的恐惧。

12 月，土屋作为步兵，被分配到侵华日军满洲公主岭独立守

备队步兵第 1 大队第 3 中队。原以为作为新兵会挨打，后来知道因为已经身处战地，老兵也怕被人从背后打冷枪，所以没敢虐待新兵，在这里土屋幸运地躲过了军中霸凌，但是没能躲过杀人训练。

60 名新兵在距离兵营 300 米远的俄罗斯人墓地集合，6 名中国农民被反绑着双手坐在地上，队长喊话说要练习胆量，当场斩首了 2 个人，接着要土屋对活人进行刺刀练习。土屋想长官的命令就是天皇的命令，便横下心照做。从那个瞬间开始，他的内心住进了魔鬼，不再认为杀人会受天谴，也不在乎杀了多少人。

1934 年，为了多赚些军饷寄回家，土屋自愿申请从步兵转为宪兵，此后的 12 年一直在齐齐哈尔的宪兵队未曾被调任过。按理说随着日军侵略战争的扩大，军队移动越来越频繁，宪兵的移动也会随之变得频繁，但是土屋 12 年几乎未曾离开过齐齐哈尔，在日本宪兵中可能是唯一一个不曾被调任的人。土屋认为是自己的搜查能力令上司满意，所以换了多少任上司都愿意留用他以便为自己立功，当然这也说明他曾经害了太多的中国人。

做尽坏事，忏悔终身

土屋被编入齐齐哈尔宪兵分队，干的坏事主要是抓捕、虐杀抗日人士，这当中有大批人只是普通的百姓。土屋刚进宪兵队时想尽快立功，街上随便抓了个男人带回宪兵队严刑逼供，使用了各种残忍的手段后，因为始终得不到宪兵队想要的答案，这名只是上街买东西的中国男子便被砍去了头颅，这也是日本宪兵最常用的杀人手段。和田的剧本中通过主人公的独白，把这段残忍的过程展现在观众面前，真实地呈现出日军残暴狰狞的面目。很多观众的观后感写道：此前并不清楚侵华战争这段历史的真面目，除了震惊就是发自内心的抱歉。

土屋做了12年宪兵，这才只是开始。1936年11月，宪兵分队抓捕12名无线电谍报员，包括张惠民、张庆国兄弟在内的8位英雄被杀害。1937年4月，土屋抓捕3名计划炸铁道的抗日人士，因为用刑太重不适宜送检时再出现在人前，这种情况，宪兵队都是把人送往731部队。1941年9月，抗日联军第三路军支队长郭铁坚等18人战死，日军搜出地下党的密电，齐齐哈尔宪兵队接手调查后，抓捕了135人，对共产党的抗日组织造成了破坏。两个月后又抓捕550人，破坏了国民党的抗日组织。土屋在抚顺战犯管理所的坦白书中承认，自己直接或间接杀害中国人328人，拷问、逮捕、送监1917人。和田说，在研究土屋芳雄的人生经历时，内心很痛苦，无法相信那些残忍的手段，作为人怎么下得了手。同时也更坚定了她要写出来的决心，要通过舞台让更多日本人看到那段不曾被真正认识、更不该忘记的历史。

1950年7月15日，土屋等969名日本战犯在绥芬河被移交给中华人民共和国，从此开始在抚顺战犯管理所接受审查和教育，土屋的自我反省和其他人一样，也是有循序渐进的过程。1953年12月，刘班长带他去理发的路上，他突然就有忏悔的意念由心而发。来到抚顺战犯管理所3年多的时间里，中国的管教人员没有虐待他们，尽管这里每个人都和日本鬼子有着这样那样的仇恨，但也都暂时放下仇恨，以人道主义精神宽待这些战犯。战犯们上午可以参加各种合唱、舞蹈、话剧等小组活动，下午可以阅读各种书籍报纸、吃得比工作人员好，生病了有医护人员管。再想想宪兵时代，抓捕了多少中国普通的老百姓，拷打之后扔进监狱，只给剩饭和水，别说理发、洗澡，连厕纸都不给……两相对比，惭愧、后悔、忏悔涌上心头，土屋突然就跪在刘班长面前哭泣着说："我对中国人民做了坏事，我不是人，我不知道如何才能赎清我的罪孽，我错了！"

正因为这种反省是土屋芳雄的亲身经历，所以他非常反感别人说是被共产党洗脑才会如此。回到日本后，土屋没有因为恢复自由身就忘却过去的罪孽，一直到死都坚持在家乡山形县做战争证言。土屋从1983年开始印制宣传反战的册子，讲述自己成为战犯的经历，1984年开始在报纸上发表连载文章，开始在全国各地开演讲会，讲述日本发动的侵华战争的亲身经历，总计参加大型演讲活动35次以上，听讲者也有7000人以上。

中归联平和纪念馆的事务局局长芹泽升雄对土屋芳雄也很了解，他说："1991年，土屋时隔54年专程再访中国，在齐齐哈尔烈士陵园张惠民墓前，痛哭着向张惠民的女儿张秋月下跪谢罪，保证不再重蹈覆辙，余生将致力于中日友好和平。张秋月夫妇说，希望你有生之年都能为中日友好和平努力。"土屋芳雄还再次见到抚顺战犯管理所的所长、指导员等工作人员。和其他原日本战犯一样，在土屋心里，抚顺战犯管理所是他们从鬼变回人的再生之地。他们都把对中国人民的忏悔和感恩化作反对战争、坚持和平的力量，为中日友好尽心尽力。

土屋此次重访中国是在山形电视台的帮助下实现的。山形电视台为了促动日本国民对战争的反省，跟拍土屋的谢罪之旅，制作成纪录片，播放后反响很大，还获得"1991年度日本全国电视比赛"的优秀奖。

日本战败，有人痛哭，有人自杀

1945 年 8 月 6 日，日本关东军向在中国东北的日本人发出总动员令，要求 18 岁以上的男子应召集合。然而，由于此前已经征召过几次年轻人，所以此次的总动员令只召集到四五十岁的男子，不只是战斗力不行，军装、枪支和弹药也不够，伪满洲国最大的齐齐哈尔野战兵工厂只剩下一门迫击炮。8 月 15 日，土屋听到天皇在广播中宣布日本无条件投降的声音，深受军国主义思想荼毒的日本人感觉天都要塌了，痛哭流涕，无法自拔。有些人在被苏军控制前自杀，有些人在被苏军控制审查期间自杀。一片混乱中，土屋被苏军带往西伯利亚，在建筑工地工作，一直到 1950 年被移交给中国政府，才终于结束饥寒交迫的日子。在西伯利亚严酷的生活条件下，土屋从未想过反省，是在来到抚顺战犯管理所的第三年才突然从内心深处迸发出想要赎罪的意愿。

京滨协同剧团的主演护柔一在《人证——源自某宪兵的记录》中饰演以土屋芳雄为原型的主角，巧合的是，护柔和土屋一样是山形县人。在采访现场，我们也请护柔先生演出了一段独白，京滨协同剧团的舞台很简单，应该说简单到极致，只是地面上高出来 30 厘米左右的平台，也没有特别的背景，这样的舞台氛围倒是更能让观众的眼睛集中在演员身上。护柔先生走上舞台就变了个人，眼神深邃，气场全开，明知道是表演，我也为他满腔忏悔的悔过之心深感震撼。护柔对土屋的理解是，"土屋只是贫苦农家的儿子，是战争让他成为侵略者，在日军中学会也习惯了以残虐非人道的手段对待中国人，也只有失去人性的人才能做到如此。他在抚顺战犯管理所的经历让这个人从内向外地发生变化，重新找回人性。这个变化过程太有意思了。作为演员，可以发挥演技演绎这种内心变化是挑战，也很有魅力。2012年首次公演时不仅得到抚顺奇迹继承会神奈川支部的全力协助，还收到来自中国抚顺的祝贺花束。我特别感动。"

回到日本后生活艰难

原日本战犯中，有14人是山形县人，除了其中一人在服刑，回到山形县的13人都受到歧视，外出会被警察跟踪，在家也随时会被查问在中国抚顺战犯管理所都经历了些什么。13人中还有7人无家可归，回到日本后只一次性地领到日本政府对他们在西伯利亚和中国11年的补贴1万日元（约600元人民币），还有他们永远也不想再穿的旧军装、军靴和毛毯。既得不到日本政府的补偿，又找不到正经的工作，他们的日子过得都很艰难。

土屋回到山形县的家里时，父亲已经去世，家里还有一些债没还清，家里的房子盖好后完全没有任何装修，家里人就住在土坯房里。土屋是家中长子，继承家业的意识很浓厚，哪怕是债务也兢兢业业地去努力偿还，几年下来重修了房子，还了债，还开了一家零件加工厂。老母亲也侍奉得很好，老人一直活到99岁，老人最开心的事就是虽然她嫁到村里最穷的人家，但她也是村里最长寿的老人。土屋自己也很长寿，活到91岁，他的长寿是有使命的。如绘鸠毅等长寿的中归联成员说的那样，要努力地活着，只有尽力长寿才能做更长久的战争证言，让更多日本国民了解真相。

中归联还在世的老人们已经所剩无几，除了抚顺奇迹继承会的成员们仍然在不遗余力地为中日友好努力之外，像京滨协同剧团、渡边义治夫妻这种演出反映侵华战争历史的日本民间剧团的力量也不可小觑。剧团可以通过舞台效果还原老人们的战争证言，让观众可以更直观地看到那段不堪回首的历史，而且剧目还可以传承，不会因为生命的凋零就此消失。当今社会不只是匠人工艺需要传承，为了不再重蹈覆辙，人类历史上失败的过往也需要传承，警醒后人。

注：部分内容参考自土屋芳雄的自传

我的中国情缘

小林宽澄：从敌人到战友再到"椰子会"成员

1919年　9月2日生于日本群马县天台宗满善寺

1940年　被征召加入侵华日军

1941年　6月，在山东牟平被八路军俘虏

　　　　9月，加入八路军，创立"日本人反战同盟胶东支部"

1947年　在中国东北参加解放战争

1948年　在山东济南市政府外事办工作

1953年　任内蒙古丰镇人民医院副院长

1955年　从天津塘沽回日本

1956年　在日本海运公司工作

2010年　参加日籍老战士访华团，重访中国

2015年　参加抗战七十周年阅兵式，获得纪念勋章

2019年　1月16日去世，享年100岁

认识小林宽澄是10多年前，因为采访一个叫作"椰子的果实"的民间和平组织，小林宽澄是其中的一位老人。没想到随着了解的深入，对这个老人愈发敬佩，而且因为一些缘分还多次陪同其他媒体采访过他，在中国驻日本大使馆主办的纪念活动、庆祝活动上也常常看到他，每次都会和他打招呼，请他说两句，所以我非常熟

作者采访小林宽澄后合影

悉这位老人。

　　"椰子的果实"也被称为"椰子会"，成立于1970年，主要成员是在中国参加过抗日战争和解放战争的日籍老战士。叫"椰子的果实"是因为椰子的日语发音是 ya 和 xi，正是 8 和 4 的发音，在 20 世纪 70 年代日本反共气氛紧张的时代，这些日籍老战士们采用这种低调的方式成立了这个实为"日本八路军·新四军老战士会"的组织，蕴含"八路军、新四军胜利果实"的深意。

　　"椰子会"的第一任会长是前田光繁，他是第一位加入中国八路军的日本人（1939 年 1 月参加八路军）；第二任会长保谷政治（1940 年参加八路军），他在中国有个更响亮的名字——水野靖夫;第三任会长就是小林宽澄。2019 年 1 月 16 日,小林先生去世后,他的儿子小林宪明接任第四代会长。1954 年 1 月 25 日小林宪明出生在中国,为纪念这一天中国颁布宪法,父亲给他取名宪明。

曾是有"戒律师"资格的僧人

明治时代,日本政府力推神道为国教,为了削弱佛教的影响力,发出僧侣可以食肉、结婚、蓄发的布告,日本僧人逐渐成家立业,像普通人一样地生活了。小林宽澄就出生在这样的家庭,他的父亲是群马县前桥市大胡町天台宗满善寺的住持。原本小林是要继承父亲的住持工作的,他在 19 岁时也考取了戒律师的资格证书,一切都在沿着既定的人生轨迹在走,如果没有战争的话。

1937 年 10 月,小林的哥哥收到战争召集令,寺庙里就剩下小林这一个男丁守着。那时候小林 18 岁,人缘好,朋友多,每天晚饭后都有朋友来找他聊天、下棋,玩得太晚了就住一晚,这时候已经显出他有很强的组织能力。1940 年小林也收到了征兵令,对念经并不是很执着的小林放下经卷,换上军装,拿起武器,并没有什么心理负担。小林说在那个年代里,军国主义教育深入骨髓,即使僧侣也可以被煽动得热血沸腾。

小林被编入侵华日军宇都宫第 14 师团,经芝浦出港,抵达中国山东省青岛后被整编进独立混成第 5 旅团第 19 大队第 2 中队。在济南和青岛铁路线上的青州接受了五个月的新兵训练。小林被分在轻机枪班,6 个人 3 挺机枪。这一年的 9 月,小林所在的 2 中队入侵山东威海,后来还去了荣城、文登、牟平县,都分别待了 3 个月的时间。小林的主要任务就是守炮楼等警备工作。在桐林,小林看到小队长对中国人做下的种种恶行，强占良家妇女、把老百姓关在地坑里置之不理，或者把人绑起来强行灌水，念经出身的小林很诧异"皇军"怎么是这样的。

小林在军中不可避免地受到欺凌，这在日军中也是普遍现象，不需要具体的理由，仅仅是因为小林看起来有些傲慢，就被老兵用鞋底抽脸，抽到两边脸颊肿起来。和被打相比，让小林更痛苦的事是他也曾杀过人，杀过中国老百姓。小林先生说，那天走在街上，迎面走过来几个中国人，队长让他用刺刀杀其中一个中国人。小林的刺刀冲出去后，被中国人徒手握住了刺刀，小林既狠不下心再往前刺，也不敢往后夺刺刀，队长冲过来把刺刀捅进中国人的身体，活生生的人就这么死了。曾经以普度众生为己任的僧人，在侵华日军中被训练成冷漠的杀人机器。对这个事情，小林先生很是后悔，说了很多遍"不应该啊，不应该杀人啊，真的不应该啊！"

直到日军的一次"扫荡"失败，小林被八路军俘虏，他的人生轨迹再次被改变。

从敌我关系变为战友

小林先生说日军搞"扫荡"很盲目，有些胡来的意思。平时派一些探子出去四面八方地搜罗情报，有消息就出动，也不管自己这边人多人少，极为乐观地认为自己可以以少胜多。1941 年 6 月 18 日，日军的探子报告说在午极庄发现八路军，有 200 人左右。小队长就开始想入非非，以为自己建功的时候到了。组织了 20 名日军和伪军的一个中队，200 人都不到，从水道镇出发去午极庄堵截八路军，没想到反而被八路军包围了。

小林说这天出发前他就有不好的预感,把从不离身的护身佛存放了起来,没带走。果然,日伪军和八路军遭遇后并没有想象中那么顺利,因为打不过八路军,日军开始仓皇撤退。小林和弹药手白户利一留在后面打掩护,当两人撤退时,因为不熟悉地形,滑下一个 V 字形的沟壑后,怎么都爬不上去,手忙脚乱地爬上来后发现,八路军已经等在那里了。

按照日军所谓的军纪训令《战阵训》的规定,士兵不能接受被生擒当俘虏的耻辱,自杀是唯一出路。而且当了俘虏不只是个人会受到军事处罚,家人也会受到影响。小林和白户两个人都很干脆,准备去小河地里喝水后"玉碎"。在日本的传统习惯中,有"死水"的说法,人死前要喝水,至少在唇上要沾些水,是为了在另一个世界里不会缺水。白户是弹药手,一直和轻机枪手小林搭档,两个人也是有感情的。白户催促小林先开枪解决自己。小林先生回忆说自己当时也是下不了手的,但是看着逐渐围拢过来的八路军,白户又在催他"快些,来不及了",小林一狠心对着白土胡乱开了两枪也没打准,白土就倒在水洼里呕吐。然后小林就冲八路军胡乱打枪,他是希望能借八路军的手击毙自己,但是没什么反应,于是小林把枪杆在地上,枪口顶着脑门,扣了扳机后,听见三声枪响,心情一放松就晕了过去。但是很快他就醒了过来,原来由于水洼地泥土松软,开枪后的后坐力很强,枪口打滑,子弹只是擦伤了他的头皮。小林清醒过来后就往河里跑,还是想自杀。八路军战士对他喊着"缴枪不杀,优待俘虏"拖他上岸,他又往河里跑,八路军再拖他回来,他再跑。小林说就这么折腾了有三次吧。小林先生回忆说,当时对"俘虏"特别敏感,听八路军战士对他喊"缴枪不杀,优待俘虏",让他感觉特别丢脸,万念俱灰。倒在地上的白户当时还活着，劝小林冷静些，最终两个人一起当了八路军的俘虏，只是白户终因伤势过重死在了八路军的医院里，为此小林一直都很自责，他说："白户不应该那样死的。"

八路军战士用担架把两个人带回村里，以人道主义待他们，给他们治伤，给他们饭吃，还拿八路军的衣服给他们换。小林说当时思想上转不过弯儿，心里也反感，穿着八路军的衣服感觉心里很不舒服。八路军对俘虏确实很好，晚饭还有三个菜，小林没吃过也没见过中餐，一开始也很排斥。小林先生说，"原本想着只是尝尝，没想到尝着尝着就都吃完了"。小林先生还指着自己的头和我说，"当时头皮上有子弹的擦伤，脸上还有枪口高温造成的烫伤。有时候绷带绑的时间长了会自己松开，就有八路军战士指着我说'掉了，掉了'，我学会的第一句中国话就是'掉了，掉了'"。

小林被带回村里后，关在单独的民房里，他想现在跑不掉，先暂时假装老实，有机会再跑。对八路军的问话，前思后想地用假话搪塞，原本想随便编个名字，但是想到短裤上有自己的名字，谎言早晚也得被识破，就报了真名"小林宽澄"。后来小林对侵华日军做反战宣传时也坚持使用自己的真名，他认为这样开展反战宣传会更有影响力。

八路军战士并不在意小林交代的内容是真是假，把他带到了八路军后方的政治部，小林跟着八路军一起生活了几个月。头几天，小林还天天求八路军领导能送他回日军那边，有时候笔谈，有时候敌工部曾经留学日本的八路军干部会来看他，给他带些《社会科学概论》等进步书籍。小林对这些书原本也没什么兴趣，百无聊赖之际随手翻翻，他发现这些道理都是对的，但是从日本民族主义立场出发他又不能认同，内心很矛盾。在小林内心矛盾的时候，会日语的八路军干部提出教他中文，请他帮忙给敌工部做些事，写写传单之类的，小林也觉得再这么自暴自弃下去也没什么意思，开始积极地融入八路军，帮忙做些事。

在和八路军共同生活的日子里，他发现八路军里不论是干部还是士兵，穿的一样，吃的一样，态度也很和蔼，这和日军里的情况完全不同，在八路军这里他感觉自己的人格和信仰受到尊重，生活上也确实很优待他这个俘虏，慢慢地小林开始思考日军发动侵华战争的目的。他说，日本的文化大部分源自中国，中国的佛教经典也没少听父亲讲过，从文化的角度日本是中国的学生，学生为什么要打老师呢？而且日军军官说，八路军抓住日军俘虏就会虐杀，可是他来到八路军这么长时间，不但没有伤害他，还给他治伤，吃的食物也比八路军战士的好。理论结合实际，小林逐渐看清了侵华战争的真相，被八路军俘虏三个月后，小林加入了八路军。小林说："我是真正的爱国者，正是因为热爱日本这个国家，我才要阻止这场战争！"

优秀的反战同盟战士

1938 年，毛泽东在《论持久战》中指出："对于日本士兵，不是侮辱其自尊心，而是了解和顺导他们的这种自尊心，从宽待俘虏的方法，引导他们了解日本统治者之反人民的侵略主义。另一方面，则是在他们面前表示中国军队和中国人民不可屈服的精神和英勇顽强的战斗力，这就是给以歼灭战的打击。"小林宽澄等日本人的思想转变以及后来积极从事反战活动的表现，完全印证了中国共产党优待俘虏政策的先见之明。

1931年11月7日，前田光繁等7名日本人在山西省辽县麻田镇，现在的左权市成立了"日本士兵觉醒联盟"，旗帜鲜明地反对战争、捍卫和平、要求日中友好。这个组织后来在中国各地发展出13个支部223名成员。同年的12月23日，鹿地亘在桂林成立了"日本士兵反战同盟"，各地有23个支部，其中，小林宽澄就组建了"反战同盟胶东支部"。随着组织的扩大，1942年"觉醒联盟"和"反战同盟"合并改组为"反战同盟"。

小林参加八路军后，工作积极又懂变通，带领反战同盟成员开展的一系列反战活动效果显著，由于对日军喊话频繁，交流深入，连他自己在日军那边都成了名人。小林先生讲述过一段非常有趣的经历，他说："我们在电话线上做些手脚，接通了日军据点，日军那边以为是上级长官打来的，跟我'嗨！嗨！'的毕恭毕敬，我跟他说这场侵略战争的性质，听着听着，那边开始疑惑怎么讲话内容越来越不对劲儿，小心翼翼地还不敢反驳，哈哈哈哈。"小林先生还说过他夜里和日军喊话的经历，他口才很好，所以喊话的内容很容易引起对方的共鸣。那时候隔三岔五的夜里，小林就会在八路军战士的掩护下趴在距离日军据点60米远的壕沟里，冒着生命危险用喊话筒对日军喊话。一般都是绕着日军据点移动着喊话，每次喊30分钟。刚开始的时候，据点里的日军还骂"八嘎呀唠（混蛋）"。小林也不生气，心平气和地喊："你们先别急，听我说，我是小林，我之前和你们一样是从日本来的日本兵，我被八路军俘虏了，但是八路军没有虐待我，八路军有优待俘虏的政策。我跟你们说，这是日本发动的侵略战争……你们还是好好回日本看樱花去吧。"然后小林就会给他们唱樱花歌，走之前还给据点里的鬼子们留下肥皂、点心等慰问品，包装袋上印着一家人赏樱花的插图，小林这么做的种种都是为了让日本兵看清形势，别再搭上自己的性命负隅顽抗。事实证明小林的喊话宣传很有效果，日军据点里的日本兵不再积极作战，被围困时也没有自杀"殉国"的了。

除了发传单、向日军喊话，小林还深入敌占区侦查情报。在信息不通畅的年代，小林冒充日军军官和伪军打交道很能唬人，毕竟伪军也不清楚日军具体什么情况，小林不但刺探了伪军的内部情况，甚至还参加过伪军为他办的欢迎宴。

1946年2月，晋察冀军区政治部主任舒同问小林是否愿意加入中国共产党，小林回答"我愿意"。于是，舒同做介绍人，小林宽澄正式加入了中国共产党，成为一名日籍中共党员。1949年前后，小林在山东济南市政府外事办工作，负责日本俘虏、侨民的归国工作，与此同时还协调有技术的日本人暂时留下，帮助建设新中国。小林先生在家当和尚时就很擅长交际，朋友也多，他在这方面真的是很有天赋，留下的日本人都说只要小林先生在，我们就可以安心地留下。

1953年，为了做回国前的准备，小林被安排在内蒙古丰镇人民医院做副院长。小林在医学方面是外行，但是他利用自己语言上的优势，为医院翻译了很多医疗医药方面的日文资料。也许，小林是被念经给耽误的翻译家，他有这个实力，也有不怕寂寞的毅力。抗战期间，神出鬼没的小林很让日军头疼，时常会派人搜捕他。为了躲避日军的搜捕，八路军把他藏在隐蔽的岩洞里，他躲在岩洞中就专心地翻译艾思奇的一本哲学书。

归国前在天津广播电台对日本喊话和平友好

1955年，在中日两国红十字会的协调下，滞留中国的日本人归国问题终于被解决。12月初，小林携家人离开内蒙古丰镇，准备从天津港口乘船回日本。200名隶属于中国人民解放军的日籍人士，从东北各地来到天津港口集合，做回国的准备。当时，前日本首相片山哲（1947—1948年任日本首相）随日本红十字会访问中国，还来到天津对准备回国的日本人发表讲话，介绍日本国内的局势并鼓励大家回国后继续为中日友好努力。

小林是归国第12梯队的副团长，12号，在离开中国前，最后一次完成了喊话的工作。和以往不同的是，这一次是光明正大，没有枪炮威胁，通过天津广播电台向日本民众喊话。小林在广播中做了5分钟的演讲，讲述自己作为侵略者踏上中国的土地，九死一生的时候受到中国人民的关照，是中国人民让他感受到做人的尊严，以及民主、自由与和平的可贵。小林的弟弟当时在群马县厅厚生科工作，很关心中日关系，在日本听到了他的这段讲话。15号，兴安丸从天津起航，18号在京都舞鹤港靠岸，小林的弟弟妹妹等家人举着"小林宽澄君归国"的条幅等在码头，时隔十五年亲人重逢，小林终于平安地回家了。

由于有曾经当过八路军战士的背景，回到日本后几乎所有人都受到过不同程度的监视和不平等待遇。工作也不好找，有些人去种地，有些人自己开店，也有人去从事社会最底层的体力劳动。20世纪50年代，中日尚未恢复邦交正常化，在日本会中文的人很少，小林擅长中文，找到一份海上随船翻译的工作。小林先生的中国话有浓重的山东口音，日本人听不懂也听不出来，只会觉得他好厉害，中国人听到一个日本人说山东话会感觉好亲切，中国人又最有人情味儿，所以只要小林在船上，通关手续都是最快最顺利的。

95 岁还能骑车遛街的老人

小林先生的家在东京都练马区闲静的小街里。他自己住一套房，儿子一家在隔壁一套房。老伴儿去世后，小林一个人生活，因为他不舍得扔东西，屋子里乱糟糟的，下脚都费劲，到处都是书报、资料、信件。别看屋子里乱，小林先生自己感觉很自在，他随便就能翻出他要找的资料。而且对于来采访他的媒体，他都会提前准备好亲笔书写的欢迎条幅，或者穿上来自中国的文化衫，有时候是"学习雷锋"，有时候是"为人民服务"，真是让人没法儿不爱他。

让我印象最深的是，他都 95 岁了，还骑自行车溜达。上下车的动作还极为利索，完全无法想象这是一位 90 多岁的老人。街坊邻居也都很喜欢他，对他在中国的经历并不是很清楚，但是对他传奇的人生都很敬佩。

小林先生说，中国是他的第二故乡，他想念中国的老朋友们。听他对着镜头说"我很想你们啊"，那种纯粹的感情让人很是心疼。好在 2015 年 9 月 3 日，他应邀去北京参加了抗日战争七十周

小林宽澄 90 多岁还能骑自行车

作者在中国大使馆组织的国庆活动上遇到他，这也是最后一次见面

年的阅兵典礼，得到了他应有的荣誉。

2019年1月16日小林先生因病去世，虽说生老病死乃人之常情，但他的离去，让人甚是想念。

《第十八集团军八路军山东纵队之歌》原本已经失传，小林先生特意记录下来，希望能够被保留下来。歌词记录如下：

> 日寇侵入了山东，投降派便挂上了免战牌，投降派逃跑了，我们便从地下站起来。徂徕山举义起死守失土我们不离开，土生土长在农村在民间。虽然是无中生有，但是有三千八百万人民和我们血肉相连。虽然是赤手空拳，但是有中国共产党领导着我们迈步向前。虽然是年轻的党军，但已进行了无数的血战。我们用土炮打下过飞机，击沉过兵舰。雷神庙，魏家堡，柳家井，五井，文祖，大白山，青驼寺，我们曾用我们的热血写下过辉煌的战史。看吧看吧，敌人正在我们的面前发抖，只要我们不断地战斗，胜利就在我们的前头。

小林说，1942年，115师与山东纵队统一在一起，在山东军区创立之后，大家只唱八路军军歌，之前的山东纵队之歌没人再唱，他特别怕这首歌失传，也怕自己会忘记，便写了好几份放在家里。小林的家乱糟糟，各种文稿、纪念册、信封从桌子上铺到地板上，外人来了完全没有下脚的地方，他自己也要扒拉扒拉才能坐进去，但就是这么乱，他也可以准确无误地拿出这张《山东纵队之歌》的歌词。

筒井重雄：培养出新中国第一代飞行员

1920 年　10 月 11 日出生于日本群马县吾妻郡大田村的农家

1940 年　成为侵华日军南京驻留航空部队飞行员二等兵

1941 年　侵华日军南京第三飞行集团司令部密码员

1945 年　被八路军俘虏

　　　　　日本人劳农学校山东分校学习

1950 年　和筒井美治结婚

1958 年　和妻子携子女返回日本，改随妻姓筒井

2014 年　8 月 28 日因病去世，享年 94 岁

　　筒井重雄，原名木暮重雄，原日本空军飞行员，21 岁随日军入侵中国，25 岁时因飞机引擎发生故障迫降山东泗水县境内，被八路军俘虏，思想转化后参加了日本人反战同盟，向日军宣传反战精神，协助八路军完成日军的受降，帮助日本难民回国，新中国成立后，帮助中国创建空军，培养了新中国第一代飞行员。1949 年 10 月 1 日开国大典的阅兵式上，中国人民解放军空军 17 架飞机在天安门上空接受检阅，这些飞行员中有很多人就是他的学生。

　　我们去采访筒井先生时，94 岁的老人腰板笔直，声音洪亮，他家中四周墙壁挂满来自中国的礼物、纪念照，说高兴了，老人还给我们唱了中国人民解放军的军歌，让人感觉非常亲切。筒井先生

作者采访筒井重雄时的合影

的儿子筒井健史全程陪同，听我们从头到尾的采访，在他的眼神中我看到了他对父亲的崇拜。

采访很顺利，我还想着要再来听他讲往事，然而，无论如何我也没有想到三个多月后，筒井先生就因病去世了。

从地勤到飞行员教练

木暮家是日本群马县的农家，也养蚕。木暮重雄在三兄弟中排行第三，还有一个妹妹。家里的经济条件不足以支持他的学业，遂选择了职业军人的道路，因为大哥是飞行员，所以木暮填志愿时也选择了飞行员，1940年被录取为飞行员2等兵。

最初木暮在侵华日军航空队里做地勤，后来被分到电报班，在

筒井重雄年轻时的照片（右为筒井）

中国南京、越南、新加坡之间辗转，其中南京因为待得时间较长他最为熟悉，在中国内陆上空，木暮可以辨别出长江和南京周边的山脉。

1943年，木暮被派回日本的太刀洗陆军飞行学校学习驾驶战斗机。1944年被派到天津的日军飞行队做教练，他带出来的这批日本飞行员后来大部分都参加特攻队战死了。

从飞行员教官到战俘

1945年1月15日，木暮正在唐山的航校做飞行员教练，由于战机紧缺，木暮等四人乘一架双发高等练习机飞往南京的航空修理厂去提隼式战斗机。双发高等练习机是日本用于训练运输机飞行员的主力机型，并不具备攻击能力。去的时候小心翼翼躲避美国飞机，终于平安地降落在南京，但是被告知隼式战斗机受攻击严重，没有能用的。于是木暮等三人决定先回唐山。就在回程的路上，飞机引擎发生故障，仓皇中迫降在山东泗水县境内的河滩上。人生中大难不死的瞬间最是难忘，木暮先生说当他有意识时眼睛怎么都睁不开，老人还用手给我们比画额头的位置说："这里的伤口流血，流到眼睛的位置干涸被冻住，怎么都睁不开眼睛，用手使劲揉啊揉，才终于看清楚周围情况。"木暮被安全带钩在了树上，其他两人也都活着。当时四周枪声不断，我八路军正一步步地收紧飞机周边的包围圈。3个人决定分两个方向跑，其中一个人后来遇到老百姓，切腹自杀了。

筒井腿上也有伤，摘安全带时又掉进河里，又是伤又是冻的，饥寒交迫无处可逃。他和另一个人躲进一片棉花地，躲了许久之后，实在太饿，跑出棉花地时遇到村里的老百姓，拿枪威胁着去了人家家里，烤火、喝热水，就是饭菜左等不来右等也不来，然后就发现被八路军包围了。眼看着山穷水尽也只能一死了之的时候，八路军战士送来纸条"放下武器，缴枪不杀"，虽然有语言的障碍，但是日语中也有大量的汉字，拼拼凑凑的，猜也大概能明白。所以一番笔谈之后彼此交了底，木暮放弃抵抗被俘虏，但内心并没有放弃逃跑的想法。休养几天之后，木暮两人在夜里跑掉了。但很快又被抓了回来，并且被送往八路军根据地。因为有过一次逃跑的先例，这一次木暮受到严密的看管。他每天想着是不是要开始调查了，准备何时杀我。但是完全没有这样的动静，倒是每个八路军战士，还有日本人民解放联盟的同志对他都很亲切，他们自己吃煎饼，每天给木暮送馒头吃。可是木暮并不领情，心想是不是给我吃馒头，等我交代了就杀我。甚至有一次还打翻了装馒头的盘子。

直到有一天，日本人民解放联盟的同志过来和他说："一起过年吃个饭吧？"木暮也确实想知道解放联盟到底是干什么的，就答应了。这一天，是木暮人生发生重要转折的一天。

从战俘到日本人民解放同盟成员

八路军根据地过年吃得很丰盛，八路军政委在新年致辞时说："中国军人和日本军人都是劳动人民的子弟，受日本帝国主义者压迫，你们终将回到自己的祖国，希望你们在这里多学习，回国后能帮助日本的劳动人民获得解放。"从那天开始木暮受邀请参加了学习班的活动，一开始还只是个旁观者，逐渐地通过参与游戏加入了讨论小组，原本坚信"圣战"的木暮，逐渐对"大东亚共荣圈"产生怀疑，意识到了自己的错误。眼界开阔后开始尝试新的思考方式，想要获得更多知识的欲望也更加强烈，看了很多进步书籍和与抗日战争相关的资料。比如《无产者讲话》《阶级斗争的必然性与其必然的转化》，反复阅读之后，越发明白自己以前的想法大错特错。木暮思想认识提高后，开始参加解放同盟组织的活动，向当地日军投掷肥皂、毛巾等日用品，还有传单，向日军喊话策反日军士兵投降。在抗战胜利前，由八路军、新四军汇总的日本士兵、侨民组成的日本人民解放同盟有 21 个支部，累计培训了上千名日本学员。

木暮先生说："8 月 15 日，日本宣布无条件投降后，日军原本应该向国民党投降，并解除武装的。但是国民党向重庆、成都方向撤退，实际上在第一线战斗的是八路军，所以日军应当向八路军投降。"劝降的这个工作曾经有人干过，但是有去无回。木暮没想太多，冒着生命危险去了当地看管煤炭警备的日军部队劝降。过程相当复杂，日军那边表面答应解除武装，夜里却想跑路去和主力部队会合。八路军早有准备，夜里围堵、劝说，也发生了火力交接，但最终还是有惊无险地完成了受降。

日军投降撤退后，留在中国土地上的日本老百姓并不能那么容易地离开。特别是在原伪满地区国民党控制的地盘，情况最是混乱。木暮接下来的工作就是帮助滞留原伪满地区的日本人回国。在佳木斯，木暮遇到了菅沼不二男。菅沼原本是记者，1944年被召集进位于长春的关东军司令部，1946年加入东北民主联军。1947年和木暮在佳木斯会合的这一年，这些日本有识之士创立了日本人民主联盟，还发行了《民主新闻》和月刊《前进》，向滞留的日本民众宣传时局。1953年东北地区的日本人基本撤离之后，《民主新闻》才停刊，以菅沼不二男为主的民主新闻社成员转往北京外文出版社，从事《人民中国》日文版的创刊工作，《人民中国》杂志社就是后来神崎多实子与丈夫于1980年代在北京工作过的地方。而神崎多实子在1953年能够顺利返回日本，又离不开木暮、菅沼等的日本人民主联盟的努力。回看5年前采访的这些日本有识之士，采访的当时只是听取他们每个人各自的人生，但其实他们之间有着各种无法言喻的缘分。

从原日军到东北老航校的飞行员教练

抗日战争结束前，中国共产党没有自己的航校和机场，1945年8月18日，伍修权、彭真、陈云组织成立东北民主联军总部，筹备开设航空学校的事宜。航空学校的主力是从原日军俘虏过来的整支飞行队——第2航空军第101教育飞行团第4练成飞行队，包括以林弥一郎为首的 300 多名日本人,他们当中有战斗机飞行员、航空机械师,还有通信兵。1946 年 1 月 1 日,中国共产党在吉林省通化市宣布东北民主联军航空总队成立,编制 500 人,总队长朱瑞,副校长林弥一郎。3 月 1 日,航空总队改名东北民主联军航空学校,就是后来日籍八路军口中常常提到的"老航校",也是现在位于吉林省长春市的中国人民解放军空军航空大学的前身。

老航校的教官和地勤是日本人,器材、运输由日本人和中国人一起负责。学员分为"干部班""甲班"和"乙班",根据不同的目的培养成为空军指挥人员和空军飞行员。首批学员中,"甲班"15人,"乙班"20 人。航校内有个技术工作科,专门负责日本教官的政治和人事工作,科长前田光繁。这也是一位重要的历史见证人,我也曾见到了他本人,有机会采访,遗憾的是当时他已经年近百岁,说话不是那么清晰了。

在经过这些大大小小的考验之后,木暮和中国人民站在一起的信心更加坚定。1946 年 9 月,木暮加入林弥一郎主管的东北民主联军航空学校,担任飞行教练。木暮等日本教官对中国飞行员学员的教学有很多障碍,首先就是日本教官基本都是被俘虏的原日本军人,即使抛开敌我仇视感情,来自日本军队的旧式教育也不适合中国共产党的教育方针,学员们对日本教官也有抵触情绪。而且由于当时条件特殊,学员们没有经过初级、中级教练机,直接从九九式高级练习机开始培训,教学难度非常大。木暮说:"要是按照原日军的教育方式,学员操作飞机的过程中稍有不对,就会被当场扇耳光、训话,之后还会有其他的体罚。这么教肯定不合时宜,还有语言的障碍,学员们的教育水平各有高低,我们一点点克服。双方都努力学习对方的母语,再加上手势、动作、眼神,能想到

筒井收集的关于东北老航校的文章

的办法都会去尝试。"

老航校建校初期要躲避国民党的追击，从通化迁移到牡丹江，又迁移到密山，在迁移的过程当中还要做飞机设备的搜集和修理，直到 1947 年 4 月才开始正式的飞行训练，这时候中国学员和日本教官之间的矛盾就出现了。当年，林弥一郎答应带着手下 300 多人协助八路军创建航空学校时，从飞行安全的角度提了三个条件：照顾日本教官的生活饮食习惯；保障日本教官家人安全，帮助单身解决成家的问题；这两条还好说，难度最大的一条就是彼此不是俘虏和胜利者的关系，要求确定日本教官和中国学员之间的师生关系,要受到应有的尊重。因为飞行训练攸关性命,必须严格遵守纪律。林弥一郎要求中国学员上下飞机时要向日本教官敬礼。木暮说:"中国学员中很多人家里都受到过日本侵略者的迫害,刘玉堤(后来成为北京军区空军司令员)的父母是被日本鬼子杀死的。抗日战争胜利了,还要向日本人行礼,中国学员们是很难接受这个规矩的。但是,考虑到国家和人民利益为重,中国学员们遵守了这个规定,日本教官们也被感动,双方的感情就这样被拉近了。"

1949 年 10 月 1 日十机编队飞越天安门上空

东北民主联军航空学校从 1946 年 3 月开设到 1949 年 10 月 1 日新中国成立,3 年半的时间里,筒井等日本教官培养了 120 名新中国的第一代飞行员,他们后来都成为中国空军部队的骨干。其中,刘玉堤、林虎、韩明扬等人是木暮最中意的学员。刘玉堤后来成为中国空军一级战斗英雄、原北京军区司令员,林虎后来任空军副司令员。说到他教出来的这些优秀飞行员,木暮先生很谦虚地表示在教学上自己只是尽职尽责地完成工作,为学员们获得的成绩高兴。木暮先生特别提到他教过的一名叫牟敦康的学员,非常优秀的青年,在抗美援朝战争中击落敌机后,为掩护战友牺牲了。木暮先生说:"那时候都叫他小牟,叫他小牟……在中国空军英烈纪念墙上,我看到了他的名字。"

1949 年 10 月 1 日,毛主席在天安门广场 30 万人面前,宣布新中国成立,之后印有人民解放军五星徽章的九九式高等练习机编队在天安门上空飞过。阅兵仪式结束后,东北民主联军航空学校改名为第七航空学校,首批飞行员被分到全国各地继续培养飞行员,还有些人参加了抗美援朝战争,驾驶苏联的米格19战斗机和美军进行实战。

从飞行员教官到果农

木暮重雄在中国生活了18年,由于中日之间尚未恢复邦交,木暮和家人也18年没有通过音讯。1958年,木暮重雄和妻子美治携出生在中国的一双儿女返回日本,他们是最后一批归国的日本人。

木暮的妻子比他小9岁,1940年12岁的时候和家人参加"满蒙开拓团"来到中国东北,学的护士专业,日本战败后辗转来到牡丹江的东北民主联军飞行学校工作,在那里和木暮相识,于1950年在老航校中日友人的见证下结的婚。

回到日本时,木暮重雄38岁,父母已经去世,家里妹妹已经继承家业,哥哥战后回日本后加入了航空自卫队。木暮拒绝了日本航空自卫队的邀请,又由于经常受到日本警察和右翼分子的骚扰,夫妻俩决定回到妻子美治的老家长野县,木暮改随妻姓,继承筒井家的家业。

木暮夫妻俩,一个是飞行员教官,一个是护士,回到日本后的日子并不好过,下工地、去打工,为了养家什么都努力去做,甚至还开始种果树。当时日本国家公安调查厅和警察每个月都要来家里两三次,这样的生活过了两年多。回到日本后的筒井经历了生活的种种,唯一没有变的是对中国、对老航校的感情。木暮先生会唱《没有共产党就没有新中国》《三大纪律八项注意》,在他的歌声里有着坚定的信念,还有对老航校的挚爱。

荣光

　　筒井在养家糊口的同时依然积极从事中日友好活动。1980年老航校的这些老人们在日本成立了"第七航空校友会"，最多的时候有会员800多人。1986年5月30日，受中国人民解放军空军司令员王海的邀请，筒井出席了东北航空学校创设40周年的庆典活动。庆典活动之后，筒井被邀请去他最怀念的沈阳、长春、牡丹江、哈尔滨，和曾经执导过的学生再会，可谓是12天的感动之旅。当时的空军副司令员林虎，还有韩明扬见到昔日的木暮教官都很激动。筒井说："我们在飞机里实战教学，说起来是老师和学生，稍有失误就是同生共死的结果，说是过命的交情也不为过。"

　　2005年，筒井参加中国日本人反战同盟访华团，出席了中国人民抗日战争、世界反法西斯战争胜利60周年的纪念活动，获得

筒井重雄的笔记1

筒井重雄的笔记 2

筒井和砂原惠的合影

60周年纪念章。从那之后任何重要场合，包括接受采访的时候，他都会佩戴这枚纪念章。2014年8月28日，筒井先生因病去世，享年94岁，临终前留下遗言：中日友好，永不再战！

8月30日筒井先生的葬礼在长野县饭田市举行，中国驻日大使馆的田培良参事官前往吊唁，《人民日报》也报道了这位老人为中国抗日战争和世界反法西斯战争所做出的贡献。

筒井先生的儿子健史出生在中国，虽然不擅长中文，但是对中国感情深厚，很理解父亲与中国、与东北老航校的感情。2015年，筒井健史代父亲到北京出席中国人民抗日战争暨世界反法西斯战争胜利70周年的纪念活动，他说："父亲参加八路军是父亲人生中最自豪的事。如果父亲能看到，一定会感动得流泪。"

老先生人虽然已经不在，但我依然清晰地记得他用中文唱的《中国人民解放军进行曲》，他的认真、赤诚特别让我感动。

> 向前 向前 向前 我们的队伍向太阳
> 脚踏着祖国的大地 背负着民族的希望
> 我们是一支不可战胜的力量
> 我们是工农的子弟 我们是人民的武装
> 从无畏惧 绝不屈服 英勇战斗

涩谷文雄：日本学生加入东北民主联军

1929 年　11 月 5 日出生于日本长野县

1943 年　前往中国求学

1945 年　7 月，参加学生劳动

　　　　　8 月，日本战败后滞留中国

1953 年　11 月回到日本

1962 年　在株式会社 TACHI‐S 就职，历任社长、会长和顾问

2000 年　退休

2008 年　成为 NPO 法人宋庆龄基金会日中共同项目委员会
　　　　　理事

2019 年　5 月 11 日离世，享年 89 岁

涩谷文雄先生是日本著名的汽车座椅研发制作公司
TACHI‐S 的社长、董事长。14 岁的时候，受老师推荐去伪满洲国
的大同学院念书，1945 年日本战败后滞留中国，为了吃饭给苏军
做过苦力，后被中国八路军录用，做过担架员，干过炊事班。新中
国成立后，在通化市的日本人学校教书，1953 年回日本。先是在
地域经营者协会工作，后来致力于汽车制造业的复兴，72 岁退休。
2008 年正式成为 NPO 法人宋庆龄基金会日中共同项目委员会理
事。他说，如果不是战争，他应该会是一名历史学者，因为他的专

业是东洋史，最有兴趣的就是中国现代史。

涩谷文雄

教科书里的军国主义教育

说起日本的军国主义教育，涩谷的关注点很与众不同。他说："日本的教科书直接反映着当时日本社会的政治氛围。我哥哥的国语课本，从'鼻子、鸽子、豆子、鳟鱼'开始，到我上学的时候，变为'开花了，开花了，樱花开了；来吧，来吧，小狗狗；前进前进，军队前进；太阳，火红，太阳火红；太阳旗，万岁，万岁'，小学课本里出现了'军队'。"

1931年九一八事变之后，日本在中国东北扶植伪满洲国。为了给当时的伪满洲国培养人才，关东军在伪满洲国搞了"建国大学"和"大同学院"，"建国大学"毕业后经过"大同学院"半年的特殊训练，会被任命为伪满洲国的官吏。伪满洲国总理张景惠任"建国大学"的校长，到战争结束时，总计有 4 000 人在此学习，涩谷文雄就是其中的一员，只是因为日本战败没来得及毕业。

涩谷说他念小学时也背过天皇颁布的教育敕语，对于为天皇赴死也曾认为是理所当然，涩谷坦诚地表示在日本当时的教育体制下，他也是标准的军国主义少年。伪满洲国要成立"五族共和"的新国家，关键是学校免费，所以 1943 年，涩谷 14 岁的时候，他就带着梦想去伪满洲国的"建国大学"念预科。

莫名其妙的"大学"

日本关东军和伪满洲国政府合伙搞的"建国大学"，原本的目标是要打造成媲美日本帝国大学的文科最高学府，但不论是课程安排还是教学环境都更像是职业军人培训所。这所学校从 1938 年 5 月 2 日开学，到 1945 年关闭，共招了 9 期学生，但正式的毕业生只有第一期招收的那一届学生。

"建国大学"在学制上分前期（相当于预科）、后期各三年（相当于本科），理论上是要实施六年制。前期以高等普通教育为主，军事科目、农业劳作和武道是必修课；后期以专门学科教育为主，包括政治、经济和文教。但实际上直至 1945 年日本战败，后期课程都没有完全准备好，从第二期学生开始，由于日本取消了文科生免除兵役的制度，还没毕业就都被征兵或是紧急集合准备上战场，连毕业证都没有拿到。日本国内外也没有任何一家教育机构延续它的教学，所以几乎所有的学生都没有拿到毕业证，战后回到日本后也没有任何一家大学可以免试继续学业。

伪满洲国官员自诩其是高等学府，拿着中国人民的钱财慷他人之慨地以高薪、充足的研究费、住房补贴等招揽日本国内学者做讲师，但实际上真正的学者是看不上这所名不副实的"大学"的，因为这所名为大学的学校，下午让学生搞军事训练或者下地干农活，所以有日本学者评价说它不配被称为大学。

日本战败后，学生时代戛然而止

"建国学校"每年在日本和伪满洲国招生 150 人，因为是公费大学、发制服和发津贴，还有医疗免费等各种优惠，所以在日本国内很受欢迎，竞争率也很高。涩谷 14 岁时在东京参加统一考试合格，前往伪满洲国"建国大学"念预科。涩谷回忆说，学校以"民族协和"为名目，要求来自中国、日本、朝鲜、蒙古和白俄的学生混合住在一个宿舍里，想要促进民族融合，但实际上学生间是有差别待遇的。日本学生吃白米饭，朝鲜人吃栗子面，中国学生只能吃高粱饭。在不平等的差别待遇中，如何民族融合？强迫中国、朝鲜和白俄学生每天早上向东京皇居方向遥拜、抓捕参加反"满"抗日运动的学生。在重重矛盾之下，"建国大学"只存在了不到八年。1944 年连教职员工都收到了征兵召集令，"建国大学"的正常教学已经无以为继。

涩谷对日本战败投降的那段日子记忆犹新。他说："1945 年 7 月 25 日，我们端着上了刺刀的三八式步枪参加关东军组织的军事训练，练习匍匐前进。当时，关东军的今井大佐和山口中尉讲评结束后，还练习挖战壕和用身体往坦克下面送炸药，就在我们热血沸腾随时准备牺牲时，伪满洲国政府高官和日军军官们正在筹备秘密逃亡回国，这是多么地讽刺。"

8月8日苏联对日宣战，第二天苏军就穿越国境，进入中国东北。涩谷记得当时有空袭，有坦克，有载满苏军的卡车开进来，苏军很快就控制了东北的主要城市。由于关东军的主力部队已经转移去往南方战线，日军只好紧急召集补充兵源，但是武器不足，食物也不富余，所以一败涂地。

涩谷说："8月15日，日本宣布无条件投降的时候，我们还在搞军事训练，一直到8月25日才知道日本宣布战败的消息。那个时候苏军已经跨过国界打了过来，我们想跑也来不及了。很快学校那边发出通知，要求学生解散后，各自努力回国。"涩谷原打算经朝鲜回日本，但是南下的列车都被宪兵控制，只有日军和家属优先，一般市民就这么被舍弃了。等涩谷走到朝鲜边境时，国境已经被封锁。我现在还记得涩谷先生用很不满的语气说："当时，伪满洲国的日本官僚利用职权很快就带着家眷跑回日本。但是，被他们怂恿或强制带来的日本普通老百姓就没有那么幸运了。"

经朝鲜回国已经不可能。涩谷只好暂时留在安东郊外的日本开拓团里做做保安的工作，有工作才能有饭吃。一片混乱中，涩谷的学生时代就这么戛然而止了，他17—25岁的8年时光留在了中国。

"加入东北民主联军，改变了我的世界观"

学校极不负责地解散，学生们连吃饭都成问题，17岁的涩谷也一样。涩谷说，苏军在伪满洲境内抢夺、强奸，各种为所欲为的暴行触目惊心，当地的很多日本人因此而死亡。学生们混进人群想南下回日本。夜里赶路，白天躲在山里，好不容易到了边境，发现也已经封锁，学生们还被苏军抓住，被逼迫着帮苏军搬运战利品。每天拆卸、搬运日军留下的工业物资，甚至铁轨，直到1946年苏联军队离开。好在苏军没把学生们一起带走，事后想起来都很庆幸。涩谷说："8月15日，日本战败后，东北的老百姓一开始以为张学良的部队会打回东北来，他们有首歌叫《我的家在东北松花江上》，都这么认为的，没想到进来的是八路军。东北的老百姓对八路军完全不了解，所以一开始觉得还不如国民党张学良的部队进来的好。不过，八路军，也就是后来的民主联军搞了土地改革，给农民分土地，这下子农民高兴了。1947年共产党大反攻的时候，好多农民参加八路军，部队规模一下子就扩展了。"

涩谷文雄在演讲

战后混乱的局势中，涩谷遇到八路军，一开始涩谷也只是想混口饭吃，没想到一段时间接触下来，他被八路军严明的纪律、坚守信念的精神打动了，他说他从未遇到过这么好的队伍，对老百姓不拿一针一线，洒扫干活不惜力气，对待他们这些日本人也很友善，慢慢地他也真心把自己当成八路军的一分子。在见识过日本关东军、苏联军、国民党军队之后，纪律严明的八路军让涩谷深受震撼，1947年，涩谷和其他十几个日本人一道，加入了东北民主联军的担架队。

涩谷说："八路军的纪律非常严明，这是国民党军队完全没法儿比的，苏联就更别提了。苏联进来的时候，掠夺、强奸。但是八路军的纪律非常严明，看了这么多之后，我的想法也跟着发生了变化。我在担架队参加的最后一场战役是四平战。那时候上前线，抬了伤病员下来的路上，子弹嗖嗖的从后面打过来。到了后方医院，砍柴，做饭，基本上所有的杂事都做过。战场上真是太可怕了，子弹不长眼，就那么嗖嗖的打过来。但是作为八路军的战士，排长说，'快！把那个人抬下来'，就得执行命令。"

涩谷上战场抬伤员，冒着生命危险在尸体中翻找还可以救治的战友。后来上级领导说必须保护外籍士兵的安全，让涩谷转去做后勤，给伤病员做饭、埋葬死者等等，也是什么都做，可能正是因为有过这段经历，涩谷和一般的日本男人不同，很能适应新环境，善于变通，也很会做家务。第一次去他家拜访时，他还给我们做了一套简易的茶道——味道略苦而且后劲儿很大的日式抹茶。

后来，涩谷从前线下来换防，经历了整风运动、诉苦运动、三反五反运动，涩谷说他的思想、对事物的看法、人生观、社会观发生改变，原来的军国主义思想也逐渐地蜕变。在那段时间里，他接触到中国作家艾思奇写的《大众哲学》，他说这本书对他影响很大，让他改变了很多，这本书也一直带在身边，多年后在北京找到一本新的《大众哲学》，这让他非常开心，买回家爱不释手。

涩谷不愿意多提伪满洲时代的那段历史，他更关心当下的中日关系。他说："我反对战争，我希望日本的年轻人能明白和平的可贵。我也没有忘记我那些死在战场上的战友，每天早上我都会为他们上一炷香，为他们逝去的生命遗憾，也祈祷不要再有战争。"

归国后事业有成

日本战败后，涩谷在中国又滞留了八年。1950年，他在吉林省通化市矿务局的日本人子弟学校当老师，1953年带着同校教书的妻子，一起回了日本。回国后先是在新华社的中文广播做翻译，又去做老师，后来还去经营者协会给中小企业做经营咨询。1962年，机缘巧合之下，结识了 TACHI－S 公司的前董事长。那时候公司里的人事关系也没有正规的条条框框，也没签什么合同，涩谷第二天就去上班了。20世纪60年代，经常有工人罢工，要求解决酬劳、雇佣不平等等社会问题。涩谷利用上了在中国学到的做政治工作的经验，只有他可以协调好劳动者和经营者双方的关系，让两边都能实现自己的幸福和利益。涩谷在这家公司一干就是40年，凭着出色的组织能力做到了公司的高层领导。

尽管回国后的人生也很精彩，但是涩谷依然对他毁于战争的青春耿耿于怀。他说："回想起来，我被军国主义煽动去往中国，还相信了所谓的'五族协和'，15岁到25岁的大好年华就这么荒废了，到现在都还是无比后悔的感觉。"他还说："日军对中国人掠夺、侵略的罪行不可原谅，而且祸及中日两国人民，我们不应忘记。为了不再重蹈覆辙，我们有责任把这个教训传承下去。安倍政府解禁集体自卫权之后，自卫队员们要进入他国相互厮杀的话，我会觉得自卫队员和他们的家人太可怜。现在的战争不同以往，远程导弹飞哪儿都不费劲，冲绳、横田和厚木基地必然会是被对方瞄准的地点。日本政府解禁集体自卫权一定会后悔的。我衷心地希望用外交手段取代武力。让自卫队活跃在救灾活动就好。从1945—2015年（采访当日），日本人的死亡原因中没有"战死"这一说，为了不再有"战死者"，日本国民中不再有"战死者"出现，必须把有可能引发战争的火苗掐灭。另一方面选出什么样的政治家是选民的责任。"

对过往的辉煌低调淡然

涩谷先生去世一年后，我访问了涩谷先生的公司同仁、俱乐部伙伴还有宋庆龄基金会的同事。说起这位老人，人们对他都很怀念。其中NPO法人宋庆龄基金会日中共同项目委员会的井冈女士回忆说，虽然涩谷12年前才正式成为基金会的理事，但其实在那之前就经常参加基金会的活动。因为平时非常低调，所以一直都不知道他曾经作为担架员上战场的那段历史，大家都觉得这位老人太伟大了，但是他从来不肯细说当年，只有聚会时，喝点酒才说几句。现在人不在了，那段历史也真是无处再去追寻了。

我此前采访过日本著名的中日文翻译家——神崎多实子女士，她和涩谷先生是在1953年回日本前等船的日子里相识的，那时候涩谷先生因为教过书，所以在上百名日本人等船的日子里，他负责指导孩子们念书，神崎女士那时候也只是一名高中生，因为懂中文，所以承担了中日两边的交流工作，每天向中方负责人报告日本人这边的健康状况，需要多少病号餐，因为也曾受教于涩谷先生，所以她一直称呼涩谷先生为老师。2015年9月3日，涩谷先生受邀参加中国天安门广场举行的纪念抗战胜利 70 周年阅兵式,神崎女士陪同涩谷先生前往。对这个阅兵式,涩谷先生一反以往的低调,在他的俱乐部里做了详细的介绍,介绍中国的最新面貌给他俱乐部的伙伴们听。

涩谷先生去世几天前,神崎女士去探望他,他还叮嘱神崎女士把过往的回忆写下来,他说已经帮神崎女士写了开头,请她务必完成这个作业。

现在回想起来,5 年前最后一次见他时,1.68 米的他虽然拄着手杖,但依然帅气倜傥。翻看他去世前一年左右在俱乐部讲话的照片,心疼地发现虽然还是西装革履讲究的样子,但是明显身姿不再挺拔。他在宋庆龄基金会的同事们也说经常是有一段时间看不见他,再看到时他才说刚做了手术,总是很乐观的样子。知道我是上海东方卫视的东京站记者,涩谷先生特意告诉我说他曾经给上海的汽车座椅公司做顾问,还获得过上海市政府颁发的白玉兰奖,略带骄傲的神态很是可爱。

我还记得他曾说过最喜欢的节目是《新婚夫妇来了》,一个访谈类节目,一对对新婚夫妇和主持人讲述相识相爱的经过。我也喜欢这个节目,喜欢这个节目的轻松和幽默,还能了解日本各地的方言。涩谷先生喜欢这个节目是因为他能从中看到时代的变迁。正因为他自己是经历过战乱、和平、建设、发展这样纷繁复杂的过程,所以他懂,懂得如何在时代的变动中应该顺应还是应该抗争,始终知道如何掌握自己的命运。我曾请教过他,怎样才能在关键时刻做出正确的选择。老先生告诉我:"看艾思奇的《人生哲学》。"

我和神崎老师约定等新冠病毒疫情稳定后,我们一起去给涩谷老师扫墓。

砂原惠：易名加入中国人民解放军的日本小伙

1933 年　出生于日本福冈县

1937 年　随父母迁往中国东北

1945 年　父亲病死

1948 年　参加八路军

1953 年　工作于东北民主联军航空学校政治部日工课

1955 年　3 月 24 日乘兴安丸回国

2019 年　9 月 25 日参加中国驻日本大使馆主办的"庆祝中华
　　　　　人民共和国成立 70 周年"纪念章颁发活动

砂原惠

砂原惠是中国东北联军中最年轻的日籍战士，也是唯一跨过鸭绿江，在朝鲜战场战斗了两年的日籍战士。他在中国有雇农的身份，他参加过辽沈战役、平津战役等新中国的解放战争，也是创建中国空军、助力新中国建设的英雄。他认为日本是他的母国，中国是他的祖国，因为频繁回中国，他有厚厚一摞的护照。他的女儿说："爸爸在日本的家里根本待不住，看他坐卧不宁的时候，给他买张回北京的机票什么都解决了。"他对中国有多爱，连手机来电铃声都是中国《解放军进行曲》。"向前向前向前！……"

从5岁到22岁，砂原惠在中国生活了十七年，他完全把自己当成中国人。在东北老航校，他愤怒怎么让鬼子吃白米饭，待遇好过八路军，为此还绝食抗议；当自己被领导从朝鲜战场劝退时，大家越是赞扬、感谢他作为日本人对新中国做出的贡献，他心里就越是难过，他认为"中国人"为自己的祖国做些事还要被感谢的话太见外了。

新冠病毒疫情期间，我打电话问候他时，老人抱怨说不能如往常那样回中国，很郁闷。

在中国长大的日本少年

砂原惠的父亲是福冈人，有着日本九州青年特有的热血情怀，年轻时是进步青年，积极参与反对日本政府的社会活动，为此被传统的武士家族驱逐出门，改换门庭做了砂原家的养子。砂原惠的母亲是岛根县人，擅长缝纫，这个手艺让她得以在异国他乡维持一家的生计。1937年，砂原惠的父亲因为自身背景不符合当时日本社会的正统标准，携全家迁往伪满洲国的满铁公司就职，主要工作是做矿石分析。先是在大连，后来被调去阜新。

砂原惠出生在福冈，5岁时随家人到大连，对日本的记忆并不多，唯一还算清晰的就是从门司到大连时乘坐的大轮船以及家中摆放的各种矿石。砂原是家里5个孩子中的长子，按照日本的传统观念，长子是家族的传承者，不管家里多困难，最好的资源都先给长子。虽然是在中国，但是砂原的生活圈子几乎是与中国人隔绝的，唯一有交集的地方就是从家到学校的路上要经过一片农田，有时候会和农田里的中国孩子玩一会儿。1945年，砂原惠正在阜新中学一年级念书，父亲感到时局不妙，托朋友帮忙让他转学去了大连第二中学，父母的初衷是想一旦有事，长子可以及时回到日本去。但是事与愿违，砂原在大连二中待了4个月左右，身患结核病的父亲眼看着不行了，家里来消息让他速回。砂原从大连回到阜新的家里不到十天，7月14日，父亲去世了。母亲卖掉家里一切可卖的东西，只留下缝纫机，准备带着孩子们回日本。关东军也恰逢此时正忙着跑路，所以像砂原家这样满铁公司的家属都买不到

作者在砂原惠家中与他一起翻看照片、纪念册

砂原惠年轻时的照片

火车票,砂原记得每天去车站买票都空手而归。

8月15日,日本天皇宣布投降,当地的日本侨民被集合到学校操场上听广播,获知日本无条件投降的消息。砂原记得母亲回家后沉默了很久很久,应该是在忧愁如何把孩子们带回日本。好在砂原父亲的中国朋友帮了很大的忙,帮他们一家人分析留在阜新这座小城市的话,就算能回国也不知道何时才能轮到,而且当地还有抢劫日本人的暴动,不如尽快离开这里。于是一家人来到距离锦州97公里的北镇县①,在靠近铁路主干线的六台子镇苏家街租了民房落脚,待条件允许时可以随时经锦州前往葫芦岛登船回国。

在六台子镇苏家街,我是三元惠

日本无条件投降后,由于此前日军干的坏事太多,有一些没来

---

① 现辽宁省锦州市下的北镇市。

得及撤走的日本侨民受到报复也是情理之中的事。砂原一家隐瞒了日本人身份，对外说是从南方来的，不通当地语言。那时候对于一般老百姓来说，上海、广州、福州就是相当遥远的地方，邻居们以为砂原家说的可能就是上海话、广东话，总之是听不懂的话。砂原惠给自己起了三元惠的名字，因为三元和砂原发音近似，他不想忘记自己的姓氏。多年后砂原重访故地时，还有老人认出了他，喊他："三元回来啦！"砂原说，他很感恩村里人不但没有欺负他们一家，还默默地守护着他们一家人，因为这里的老乡他才开始爱上中国。

一家人在村子里的生计主要靠母亲给人做衣服，还有就是砂原给地主家养猪、放牛。逃难时，母亲没舍得扔掉缝纫机，到村子里后派上了用场，就是缝纫机的线不好买。不过借着买线的机会又可以进城问问日本人的情况。那时候的日本侨民基本都是抱团生活，像砂原家脱离日本人群体，泯于众人的并不多见，因此相关信息很难收到。借着买线的由头进城，成为探听消息的唯一途径。

砂原的中国话是和一起养猪、放牛的小伙伴练出来的。村里的老人鼓励他不要怕说错，语言是生活中练出来的，但要想识字看书，需要掌握2 000到3 000字才行。为此，砂原在村子的私塾外面偷学过《百家姓》，但是3 000字的目标没能实现。砂原先生说："那时候学中国话就是为了能活下去！"

在地主家一年挣的工钱是9斗6升高粱米

1945年砂原12岁时弟弟妹妹们还小，家里只有他这个长子能帮母亲分担养家的责任，他会做豆腐，还给地主家养猪、放牛。

那时候养猪不是圈养在猪圈里喂食那么简单，要赶到草地上去，让猪自己觅食。最多的时候砂原放过30头猪，后来还放过牛。说好一年下来能拿到9斗6升的高粱米当工钱，但是地主给高粱米一次不如一次，头三个月还是能直接下锅的高粱米，越往后质量越差，甚至混着麸皮充数。因为恨地主剥削劳动力太坑人，砂原想以牙还牙，他看小牛喜欢添酱缸外面溢出来的盐水，就偷了两把盐揣兜里放牛时让牛舔，舔完之后就会想喝水。

砂原先生说："住在铁道边上的好处就是客运列车很准时，不用手表也能掌握时间，每天都数着火车到3点就收工。"3点前牛喝饱了之后赶回地主家。地主家的老太爷看到牛肚子鼓鼓的，还以为三元是赶着牛找到水草丰沛的地方呢，赏了他惦记已久的韭菜炒鸡蛋盖饭。然而没吃上几口，牛圈里就发大水，没法遮掩下去。老太爷恨自己被个毛孩子给骗了，揍了三元一顿。砂原先生说，这段经历让他亲身体验了中国当时的社会问题，确信只有中国共产党才能解救老百姓被剥削的命运。

"我叫张荣清，我要参加八路军"

砂原在大连第二中学念书时，军事训练是必修课，稍有不慎就会被体罚，而且还是一人犯错集体连坐的惩罚，日军教官给他留下恐怖的印象；在苏家街安顿下来后，也看到过国民党军队的人，有先进的美式武器装备，还戴着钢盔，但是他们随便就拿村里的东西，非常嚣张，完全没有军纪，对国民党军队，砂原只有恨；再看八路军，穿得破破烂烂，用着不怎么样的三八式步枪，这支军队装备是最差的，可是精神面貌是最棒的！八路军不拿群众的一针一线，用过的东西一定会还原，态度也亲切，对群众的称呼是"老乡们"，听着就觉得亲切。有接触才能有比较，砂原对八路军的印象是最好的。

1948年，八路军来到苏家街搞土地革命，分配土地。按照地主、富农、中农、贫农和雇农的阶级划分，砂原家一穷二白，连生产工具都没有，被划分为雇农，获得最好的土地选择权。分配土地时，砂原学过的几何代数派上了用场，擅长测量技术的砂原也引起了八路军的关注。此时的砂原已经非常适应中国当地的生活，并不是那么想要回日本。砂原先生说："在这里我们家已经有了最好的土地，还被划分为雇农，那是很光荣的阶级，没有人嫌弃我们穷，反而都很羡慕我们。一直到后来在第四野战军，雇农的身份都被人高看一眼，那段时间是我快乐的日子。可是我的母亲还是心心念念想要回日本。当我想要加入八路军时，我母亲坚决反对，我们的想法有矛盾，但我还是坚持自己的信念，我想加入八路军。"

砂原惠珍藏的徽章

砂原和朋友一起去农民会表示想要参军，人家问他："你姓什么？"他想了想说："张荣清。"姓张，是因为他小时候最爱看《三国》的漫画书，其中张飞是他最喜欢的人物，因为张飞虽然性格粗暴些，又不是很乖顺，但是他有奔着定下的目标，至死不休都要实现的魄力。人都会向往自己没有的东西，包括性格上的特质，出于崇拜，砂原决定姓张。原本也想叫类似张飞这样两个字的名字，但是当时中国人的名字基本都是 3 个字的,他也就入乡随俗地选了"张荣清",意为兴旺、纯洁。

张荣清以雇农的身份加入了东北民主联军,也就是后来的中国人民解放军第四野战军,当时 15 岁,身高已经超过 1.6 米。

为数不多上过朝鲜战场的日籍战士

砂原从东北民主联军独立九团被编制进步兵 170 师,参加过辽沈战役、平津战役、长春包围战。在平津战役中,他作为侦察兵,继续发挥测量上的特长,判断河的宽度,炮兵是否能过去,侦察水深、距离,判断马能不能过去。1950 年 6 月 25 日朝鲜战争爆发前夕,中国人民解放军嫩江军区步兵第 170 师的 1 万人分为空军、驻守山海关—营口的海防线和南下三个方向,砂原被划分到空军部队,在丹东待命。战争爆发后,这支部队第一时间跨过鸭绿江,前往平安北道,为战斗机迫降做临时跑道的整修工作。具体修跑道由工程兵完成,砂原的任务是做好跑道的测量工作。在朝鲜战场他待了两年时间。

在朝鲜的这两年,砂原和中国战友同生共死,像一家人一样。帮朝鲜老百姓插秧时,会一起夸赞哪个朝鲜姑娘更漂亮,那是属于年轻人的欢乐时光;路遇美军空投下来的定时炸弹,妨碍了运输线,会冒着生命危险和战友一起用车把炸弹拖开处理。这些都是他此生最宝贵的回忆。

说起来加入八路军的日籍战士有一两千人,但是在抗美援朝战争中,真正跨过鸭绿江,在朝鲜战场上战斗过的日籍战士,170师只有砂原一人。因为他隐瞒了自己日本人的身份,志愿军领导以及战友们也完全没看出来他是日本人。直到他的母亲病逝，中国红十字会通知到志愿军总部，领导才知道张荣清是日本人。

砂原先生很骄傲地说："按照国际惯例，日本人不能上朝鲜战场当志愿军，38军有很多日本人都不能过鸭绿江，我可以，我是中国人！部队在丹东集结时，我填表写的我是中国人，我是中国新民主主义青年团员，所以我可以随部队过鸭绿江。"

部队领导接到中国红十字会通知后，立刻叫"张荣清"同志来问话。砂原回忆说："团政委把我叫进防空洞，问我，'张荣清，你是日本人？'我说我是一名军人。团政委怎么问我，我都死咬住自己是中国革命军人，团政委说，不对，上级传达了消息说你是日本人！我回答说，我就是中国人！团政委后来急了，问我三大纪律八项注意是什么。我一看这下不行了，三大纪律八项注意里有要求服从上级的指挥，只好承认了自己是日本人。"

离开部队的时候，部队领导感谢砂原作为日本人对新中国做出的贡献，赞扬他是国际共产主义者，砂原听着感觉心里特别难过，他认为自己是中国人，中国人为自己的祖国做些事哪里需要感谢呢，别人看他是日本人这件事让他感觉找不到自己的根，砂原很困惑自己到底是哪国人。这个问题一直困扰他到现在。

获得光荣军属称号的日本家庭

回忆母亲，是让砂原很伤心的事。他说："母亲的心愿就是带着我们回日本，可我非要去参军，一心只想着实现自己的志向，当时和母亲争执，后来母亲就不再说什么了。我没有替她考虑过什么，很对不起她。"

砂原的母亲因肺炎去世时只有 43 岁,想要带着孩子回日本的心愿也没能实现。唯一让她欣慰的事就是砂原参军之后,政府给家里送来光荣军属的荣誉,获得从未有过的关照和荣耀。原本坚决反对砂原参军,眼看反对无效只能沉默以对的母亲还写信给砂原,告诉他家里一切安好,不必担心。

朝鲜战争结束后,滞留中国的日本人开始陆续回国。母亲的夙愿终于可以实现,但是砂原不想走,他说:"我的父亲母亲都葬在中国,妹妹们嫁给中国人,这里有我熟悉的一切,回日本对我来说意味着离开了自己的祖国。"

在东北老航校,恢复原名砂原惠

东北民主联军航空学校成立于 1946 年 3 月 1 日,航校主力是从原日军收编过来的林弥一郎飞行部队,还有从东北解放区转来的一些日籍航空人员,共有 340 人左右。为了做好这些日籍人员的思想政治工作,航校政治部专门成立了日本人工作科,杉本一夫,也就是前田光繁任科长。

林弥一郎飞行部队当初愿意为我国航空事业尽力,主要动机是为了生活,以及等待回国的机会,必然有着各种复杂的思想问题,比如怕回国后被清算、怕飞鸟尽良弓藏,或者对中国的航空事业没有信心等理由,因而做不到倾囊相授。所以在老航校建校初期,日工科的主要工作是通过集体开会或者个别谈话,让大家认识到中国人民的革命事业和日本人民的革命事业的目标是一致的,为了人民能有更好的生活。日工科还在日本人中建立"日本觉悟联盟",提高各人的思想觉悟。

1953 年，砂原被分配到东北民主联军航空学校的日工科工作时，教学工作基本结束，正在筹备日籍人员回国前的准备工作。砂原惠的工作内容是协助解决日本人回国问题的同时，和日本人练习日语，同时砂原惠也要准备回日本了。

砂原在老航校里还有一段有趣的往事令我印象深刻。他说在老航校看到日本人吃白米饭，吃得比中国人还好，很愤怒怎么鬼子吃得比志愿军战士都好，为此还绝食抗议。他完全忘记自己也是日本人，在他的认知里，他就是一个中国人。

"每天早上醒来，想得最多的还是中国的事"

1955 年 3 月，砂原惠离开生活了 17 年的中国，回到日本。各种辗转之后，利用自身的语言优势，在日本国际贸易促进协会找到了翻译的工作。当年 12 月就接待了以郭沫若为团长的中国科学代表团。这份工作让砂原找到了自己在事业上的定位，他要致力于促进中日交流的工作。

1956—1958 年，在东京、上海、北京、名古屋、广州、武汉的中日商品博览会上都能看到砂原的身影。不只是做翻译，他还成立合资公司、贸易公司。1980 年，还和日籍战友们成立了第七航空校友会，会员人数最多时，1990 年达到 800 人。砂原频繁地往来于中日之间，基本上每年都要来四次中国。似乎他只是在 1955 年随同滞留中国的日本人完成了回国的手续，之后还是继续把自己当作"中国人"，一直都是中国发展事业中的当事人。

2010 年，砂原向解放军原总政治部副主任刘振起建议，让回国的日籍老战士们回中国来看一看，促成了日籍解放军老战士代表团在抗战胜利 65 周年、中国人民解放军建军 83 周年之际的首次访华。

砂原说："我太喜欢中国了，一年至少去四次。我对中国的喜欢，今后不会改变，也不想改变。"

砂原惠用过的护照

砂原惠频繁往返于中日之间，护照都换了无数本

北浦佐都子：把中国当娘家的日籍女战士

1930 年　出生于日本长野县
1941 年　5 月，日暮一家五口随长野县佐久乡开拓团前往伪
　　　　满洲国
1946 年　参加朝鲜义勇军
1950 年　和北浦精一结婚

北浦佐都子，原名日暮佐都子，是在伪满开拓团长大的日本孩子，因日本战败投降，辗转周边的几个开拓团艰难求生，最初是为了生存选择加入八路军，后来被培训成为一名专业的医护人员，在解放战争的战场上救死扶伤，参加过辽沈战役、平津战役，逐渐成长为真正的解放军战士，荣获过"华北解放纪念章""东北解放纪念章""解放勋章"。1950 年和日籍八路军战士北浦精一结婚，改姓北浦。1953 年回日本后，为中日友好奔走，曾十多次访问中国，还在甲府当地成立中国归国者友好会山梨县支部，在语言、工作等方面帮助日本遗孤适应日本生活，深受当地民众的尊重。

2020 年 11 月，我再次回访她，已经 90 岁的老人家腰腿比我 4 年前见她时还要好很多，依然是头脑清晰、口齿伶俐的最佳状态。老人家每周有一半的时间去老人日托的地方，参加一些活动，吃个午饭。平时一个人生活，女儿一家的房子距离她家近在咫尺，正是

作者第一次采访北浦佐都子时的合影

一碗汤的距离,晚年生活还是很幸福的。

"满蒙开拓团",最苦涩的回忆

20世纪30年代,日本军国主义认为"满蒙是日本的生命线",
也为了守住日俄战争中从俄方获得的中国地盘,向中国东北地区
移民27万人,其中长野县有3.3万人被迁往中国东北,是日本全
国迁出人口最多的县。佐都子一家五口人是1941年从长野县佐
久出来的,佐都子11岁,同行的人中有她的爸爸妈妈、21岁的姐
姐、16岁的哥哥和6岁的妹妹。后来哥哥和姐夫被日军征兵带
走,一直没能联系上。

1945年8月15日,日本无条件投降的消息,并没有传到佐都
子一家所在的佐久乡开拓团。16号佐都子的父亲去关东军司令
部才知道日本战败的消息。到9月5号有山贼还有被日本开拓团

抢占了土地的当地农民开始报复，6号又有苏联军打过来，佐都子一家先是逃往卢家店村，后又转往临近的富士见开拓团。此时佐都子的姐姐还带着不满3个月的儿子和彦、3岁的女儿。10月下旬的时候，由于富士见开拓团这里的粮食不够吃，佐久乡开拓团近半数的人接着逃往临近的川路村开拓团。佐都子一家七口人走到这里暂住了下来，白天下地干农活，晚上回到临时栖身的仓库睡觉。到了冬天，这些身着夏天衣服逃难出来的日本人靠烧柴火御寒，还赶上正流行疟疾，食物也不够，每天都有尸体被从仓库里搬出去。

北浦佐都子幼时家庭合影，父亲抱着她

北浦佐都子存留的"满蒙开拓团"合影

11 月 9 日,佐都子的父亲日暮丑之助因病去世,死时也才 58 岁;11 月 12 日,佐都子的小侄子和彦去世,只有 6 个月大;11 月 28 日,佐都子的小侄女去世,只有 3 岁。

12 月中旬,佐都子的母亲病倒,一直自责为什么要带孩子们来中国东北。她临死前多次嘱咐孩子们,如果回到日本,就去臼田的大舅舅家。母亲留给佐都子的最后一句话,就是在她要去山上拾柴火时,母亲说"辛苦你了"。母亲去世时,佐都子已经没有了眼泪,因为太过伤心,这段时间的记忆也失去了。

1946 年 2 月,佐都子一家七口只剩下姐妹三人。这时朝鲜义勇军过来赶走了山匪,守护住开拓团日本人的安全。生活稳定下来之后,朝鲜义勇军的人用日语呼吁:"有没有人愿意参军做护士?我们可以保证你们的生命安全和身份。还可以保证把剩下的日本人尽早送回国。"佐都子领了几个白饭团子回来和姐妹们商量之后，决定和 5 个好朋友一起去参军。

老人说："那时候我 15 岁，我知道继续待在开拓团里我们都活不下去。姐姐当时 25 岁，她的孩子们刚刚去世，她小学二年级的时候腿受过伤，我们的妹妹还很小。也只有我去参军，姐姐留下照顾妹妹，将来再带她回日本，我就把妹妹托付给姐姐，我去参军。当时也没想自己会不会死，只是觉得和我们说话的人会说日语，应该不是坏人。而且还送给我白米的饭团子，我都小心地带回去分给姐姐和妹妹。"

长野县的三个开拓团各征集了 10 个人，包括佐都子在内的 30 个人跟着部队走了。其中有几个小姐妹是因为佐都子去参军才跟着报名的。

佐都子的姐姐和妹妹在 1946 年秋天回到了日本，寄身在舅舅家，也算是完成了母亲的遗愿。

成为日籍解放军战士

佐都子被分配到朝鲜义勇军第三支队卫生所，开始学习关于战争、关于革命的政治内容和医疗方面的基础知识。北浦说，那段时光宛如在她面前打开了一个全新的世界。但是由于此前在开拓团时处于颠沛流离的生活，体力透支很大，很多人病倒，佐都子也病倒了，先是发烧，进入护士训练班后没多久就得了胸膜炎和肺病。治病的同时也没耽误学习。北浦说，如果不是参军离开开拓团，可能自己也就病死了。1947 年 2 月，佐都子被派往珠河县的第一医院，在内科和化验室工作。由于在工作中表现突出，5 月 12 日国际护士节那天被评为模范护士。

在木兰旁边的通河县有原日军的医院，叫通河县立医院，解放军接收那里之后，佐都子和她的战友们就在那里忘我地工作。战争年代所有的物资都紧缺，更不要说血浆了。不少日籍护士都有给解放军战士输血的经历，佐都子也是。老人回忆说："我是班长，手术室里说需要血浆，我第一个就举手。输 100 毫升、200 毫升也不会死，而且我是 O 型血，可以帮到很多人，但其实我也只帮到过两个人吧。我是个很乐观的人，是那种想到就去做的人。澄江和我从小是邻居，就是她说佐都子参军的话，我也去。很可惜澄江死于肺结核。"

战地医院里随时面对死亡，佐都子的经历不是哪个女孩子都能承受的。老人回忆说："有些人手啊脚受伤，转为败血症只能截肢。截下来的肢体，一个人是搬不动的，非常重。活人怎么都能抱起来，死了之后，一条腿都抬不动。手术室的人喊我们去把截下来的肢体送去焚烧炉，我去搬但是搬不动，就喊澄江来帮忙，我们俩一起搬到焚烧炉，味道很不好闻，没人愿意干这个活儿，我还好，尽力去做。"

1949 年，解放战争基本快结束的时候，部队里有三名日籍女护士，炮兵那边也有三名日籍战士，那时候佐都子已经有了中国名字——黎静，卫生队队长深山医生对佐都子提议说："你父母也不在了，你就这么孤身回到日本也没有依靠，不如在中国这里和日本人结婚吧？"那时佐都子 20 岁，对自己的未来没有什么想法，就答应了深山医生的提议。部队开拔到佳木斯时，队长叫佐都子来办公室，看到北浦已经在房间里，队长说："上次你们见过一个小时，这个对象你觉得怎么样？"佐都子这才想起来之前是见过的，但是自己当时只顾着和小伙伴捡花朵做花环，完全没往心里去。这会儿被队长问"怎么样"，只好说"听领导安排"。回忆起这段往事，老人爽朗地笑了，笑自己年轻的时候还真是可爱。

战地婚礼

北浦精一年长佐都子 13 岁，是 1938 年随日本山梨县开拓团前往中国，日本战败前的七年时间里，作为帽儿山开拓团的畜牧指导员从事兽医的工作。缺马的时候，负责去日军那边领用不上的马回来农耕用。没想到日本战败前，开拓团里的团长、副团长等干部早早闻风逃回日本，就剩北浦这名畜牧指导员和伪满洲国警察打交道。佐都子回忆说："日本战败后，日本人和中国人的地位倒过来，'满铁'的警察里有些朝鲜人最恨日本人，他们觉得自己也会说日语，却被日本人瞧不起。他们觉得日本战败了，没人能救这些日本人，稍不顺意就用鞋底砸北浦的头。北浦说那段时间自尊心特受伤害……"

八路军来了之后，继续用北浦做兽医。北浦不只干回自己的老本行，在八路军中还很受重视。在一次战斗中，八路军这边接到撤退保存实力的命令，拉着炮车的马滑进雪沟里，雪特别厚，这些马归北浦管，慌乱中北浦也跳下雪沟去照顾马。幸好国民党军没有发现他，八路军回来找到了他。为此北浦还立了一功。

1950 年 10 月 1 日国庆节前夕，部队领导把佐都子调去丹东，正好可以和北浦见面。佐都子在警卫员的陪同下乘火车从佳木斯坐火车经沈阳到丹东，休整两三天后，卫生队队长就通知她说："明天我们就要进朝鲜了，今晚你们就结婚吧。"虽然很意外，但是此前两个人也是有书信来往，只是都知道战争期间不好提结婚的事，没想到这么突然地就被批准了。当晚，同志们为两人庆贺，战地婚礼就是那么简单，大家伙挂起一个面包，让两个新人抢面包吃，玩得也很开心，没有传统的仪式，没有照相机记录，也没什么大餐，但当时热热闹闹的画面都印在老人的心上了。

说好是要去朝鲜战场的，但是接到司令部的指示，不允许日本人上朝鲜战场，夫妻俩只好和其他几名日籍战士在警卫员的护送下去了牡丹江。因为没能上朝鲜战场，北浦非常郁闷，朝鲜战争胜利后还哭了一通。

1953年1月，北浦夫妻俩被安排在武汉市人民政府工业厅工作，北浦在建设科，佐都子在秘书科。直到两人带着两个女儿随最后一批留在中国的日本人回国，才依依不舍地离开中国，回到北浦的家乡山梨县。

中国就是我的娘家

上海、南京解放后，武汉初建兽医院，佐都子怀第二个孩子的时候，随丈夫去武汉，被安排在武汉中南军区兽医处工作。那时候北浦带了有100多个学生。佐都子生孩子的时候，北浦为买药去上海出差正好不在，是单位的同事们用担架抬着佐都子去的武汉当时条件最好的医院——汉口第一陆军医院。到医院的时候佐都子已经昏迷了，在医护人员的努力下，母女均安。老人每次见到我都要说："中国就是我的娘家，我和我的女儿都是在中国得救的，娘家的恩情我一辈子也忘不了。"

老人说，如果没有战争，她的人生理想是做一名小学老师。然而战争改变了一切。新中国成立后，她也想回日本，但是她认为中国更需要她，所以一直坚守自己的岗位，一直到上级指示日籍人士集体回国。

刚回到日本时，反共冷战的气氛很严峻，工作不好找，佐都子一家的生活也很艰难，他们又有了儿子，还是北浦亲自接生的。直到1972年中日恢复邦交正常化，他们的生活才逐渐好起来，有了稳定工作，还有余力从事中日友好的民间组织活动。1979年，佐都子发起成立"中国归国者友好会山梨县支部"，后改名为"山梨县日中和平友好会"，主要是关照从中国回来的日本遗留者群体，帮助他们克服语言的障碍，尽快适应新生活。佐都子身兼数职，张罗日语教室的同时，帮着找工作、找房子，还要帮着在县、市政府和日本遗留者之间做翻译，对每一个需要帮助的人都是耐心、体贴地关照着。

1983年，回到日本的日籍战士们成立了名叫"四野回想会"的组织，每年在日本不同的地方聚会，佐都子女士也积极参加这个组织的活动，这些散落在日本各地的日籍老战士们都是她的娘家人。

帮助中国残留孤儿、妇人适应日本的生活

日本战败后，开拓团的生活太艰苦，又看不到回日本的机会，有些带着孩子的日本女人只好选择和当地的中国人结婚，这些人后来作为日本遗留妇人，多年后才带着她们的孩子重返日本。1996年当时的山梨县有这样的人家173户，500多人。佐都子组织的山梨县日中和平友好会从1980年开始为这些归国者开设日语讲座，每周六、日各开课3小时，60名学生各年龄层都有，分三组学日语，老师就是日中友好会的会员，对家远的学生还开车

接送。

甲府是个大站，但是到甲府之后没有车就很不方便，我去拜访老人家的几次都是现任日中友好会的会长上条行雄来甲府站接送我们。上条会长 83 岁，在日本也算是深度老龄驾照持有者了，几次接触下来发现会长开车越来越猛，拐弯快准狠，直行速度不含糊，这次临别时我实在没忍住还是说了出来"您开车慢点儿"。上条会长退休前是 NHK 的员工，接任日中友好会会长 10 多年，从事中国残留孤儿归国者的援助工作也有近 40 年。上条会长也在找能接任他会长职责的人，似乎找到了，这个人选还和"回想四野会"有关。回想四野会每年在各地轮流组织活动，佐都子女士是这个组织的会员，随同回想四野会多次回访中国。上条会长对回想四野会也非常熟悉。

回想四野会

像佐都子女士这样把中国视为自己第二故乡的日籍老战士有很多，他们回到日本后，因为想念中国，又想为中日友好做些事，便在日本各地组织了很多民间友好团体，像洛阳战友会、鸡公山战友会、长城友好会等等。其中回想四野会曾经是最为活跃的日中友好组织，它的主要成员是原第四野战军第 47 军的日籍老战士和医疗工作者们。会员最多时有 600 多人，后来随着这些人的老去，回想四野会才逐渐沉寂下来。

回想四野会的创立者之一，中村义光，1944 年应召加入侵华日军，1945 年日本战败后流亡于吉林敦化，在 1946 年八路军剿匪时投诚，在四野的卫生部门做会计工作。在行军作战的日子里，携

作者在北浦佐都子家中采访她

带资金、保管资金还有支付都是中村的工作。在战争年代保证资金安全是非常重要的工作，中村没有出过一次差错，并且在战斗中获得过三次大功、六次小功的荣誉。1954年回日本后也积极从事中日之间的交流工作。1970年3月，他集合曾经在中国参加过解放战争的日籍人士，创立了"回想四野会"。

1953年，日籍战士们离开中国时，组织上考虑到每个人的安全，留下了他们的奖章代为保存，从1953年到1972年，时间过去了19年，日籍老战士们还心心念念着他们的奖章，因为那些奖章上刻录着他们的青春和使命。1972年9月中村写信给周总理，请求补发或归还当年日籍战士离开中国时被留下的纪念奖章。中方很快就准备了四箱奖章分别给"航七会"会长林弥一郎和"回想四野会"的会长中村义光。

为了准确发放这些珍贵的奖章,回想四野会特别成立"中国解放纪念奖章授给事务局",让1 560名日籍老战士重获证章。

上条会长回忆起过去参加回想四野会活动时的情景,印象最深的就是这些老战士最爱唱中国歌,特别是《中国人民解放军进行曲》。

2019年9月25日,中国驻日使馆举行了"庆祝中华人民共和国成立70周年"纪念章颁发仪式。驻日本大使孔铉佑代表中国政府,向27名日本籍解放军老战士及12名老战士家属颁发纪念章。他们是:

幅敬信	95岁	四野44军	战士
井上新一郎	94岁	东北老航校	机务队
北乡荣要	94岁	黑龙江军区后方医院	军医
村田和子	92岁	东北民主联军	干事
佐藤康行	92岁	四野后方医院	护理班
吉泽利雄	92岁	四野38军	担架队
岩本农夫雄	91岁	东北解放军军区司令部图们办事处	司机
本多歌子	91岁	四野72医院	护士
齐藤芳夫	91岁	西满军区第八野战医院	化验室
平野秀子	91岁	四野47军野战医院	护士
元木光子	91岁	四野29后方医院	护士
山边悠喜子	90岁	东北民主联军野战医院	护士
大巾博幸	90岁	四野169师汽车队	司机
山口盈文	90岁	四野44军炮兵团	战士

东城藤七	90 岁	四野第三后方医院	担架队
北浦佐都子	89 岁	四野野战医院	护士
友贺元彦	89 岁	东北军区阜新第三医院	护士
平出喜枝子	89 岁	四野第一后方医院	护士
那须卓治	89 岁	东北军区第三陆军医院	担架队
下条惠美	88 岁	四野野战医院	护士
华井满	87 岁	辽宁军区警卫团	战士
砂原惠	86 岁	东北老航校政治部	干部
长谷川忠雄	86 岁	东北民主联军坦克部队	修理班
小关昌司	86 岁	四野野战医院	卫生兵
笹原娟子	86 岁	四野后勤部卫生队	护士
武吉次朗	87 岁	东北民主联军后勤部兵工厂	
入角和男	84 岁	东北老航校政治部通信班	
小林宽澄	1919—2019 年1 月	反战同盟骨干	
官田忠明	94 岁	东北老航校	飞行教官
加藤绍江	1928—2019 年6 月	四野政治部卫生部	干事
水野正昭	92 岁	华北军区卫生部第二后方医院民族干事	
涉谷文雄	1929—2019 年	东北民主联军后方医院担架队	

5 月

花冈昭三	91 岁	黑龙江军区供给部	
金丸千寻	90 岁	四野 39 军军工厂	
小关美代子	90 岁	东北民主联军野战医院	护士
小林德子	89 岁	东北民主联军野战医院	护士
坂井幸子	86 岁	四野 44 军被服厂	
楯美明	90 岁	四野 12 兵团运输队	
冈部仁子	92 岁	四野第八后方医院护士	

安度晚年

2020 年,新冠病毒疫情笼罩着全世界,东京是日本国内疫情最严重的城市。我们带着忐忑的心情去甲府看望佐都子女士,老人家不但没嫌弃我们,还很热情地张罗吃的给我们。这天,老人的女儿和子在家陪伴她,和子家非常近,相距也就 10 米样子。和子出生在中国武汉,样子很年轻,没想到如今都是有孙子的人了。和子说:"我出生在中国,但是小时候在中国的记忆已经很模糊。妈妈今年 90 岁,她对 15 到 20 岁的这段记忆最是深刻。我和我妹妹都是在中国的医院出生的,只有我弟弟是父母回国后才有的,那时候条件艰苦,弟弟还是爸爸自己接生的。爸爸是兽医,人和马的理论知识应该都差不多。弟弟住得也不远,过来就收拾妈妈家里的花花草草。弟弟来,孙辈们过来,还有就是中国朋友来访,是妈妈最开心的事,比什么营养药都管用!"

佐都子一家回到日本后,经历了风风雨雨,老伴儿走得早,好在老太太有孝顺的儿女,可以含饴弄孙,安享晚年。

作者与北浦佐都子合影

在北浦佐都子家门口与她合影

神崎多实子：阔别 23 年后带着家庭重返中国

1935 年　神崎多实子出生
1937 年　随父母迁往长春生活
1953 年　随父亲回日本

神崎多实子 1935 年出生于日本东京，幼年时随家人迁往中国，1953 年回日本。毕业于都立大学附属高校，曾在北京人民画报社工作，后来从事中日文翻译的工作，在日本同传翻译业界被公

神崎多实子

认为日本战后第一代中日文翻译家。现在神崎女士依然活跃在同传翻译的一线，同时还是 NHK BS 电视台的专属翻译。作为中日文会议翻译的资深人士，神崎女士已经出版了两本同声传译教材，全心全意地培养中日文翻译人才。

因为我也是从翻译出道，所以尊称神崎女士为老师。我们彼此对中日文翻译都很有热情，谈得来，私人时间里我也常约她出来吃饭，还登门拜访过。神崎老师家的地段非常好，开门就是 180 度的高清海景，有这样的景致，不论是出门还是归家心情都会很愉悦。神崎老师的人生经历太丰富，她已经开始写回忆录，想要找谁一起核实年代、地点，这样的人已经不多，神崎老师只能翻阅中文版日文版的书籍资料，由于太过认真，看着看着她会就那么读下去，反而忘记了写自己的回忆录，神崎老师实在是太可爱了。

神崎老师有着丰富的人生经历，日军发动侵华战争时，她随搞科研的父亲从日本到中国东北生活，她有伪满洲国的记忆；日军战败后，她和父亲在八路军的保护下逃出卡子，她有战后逃难的记忆；新中国成立后，她和父亲从中国回日本，她有日本人集体回国的记忆；50 年代，中国代表团访日，她随团翻译，她有早期中日逐步恢复交往的经历；70 年代，她和丈夫在北京外文出版社工作，她有身为外国专家的记忆……人生经历、阅历如此之丰富，她的回忆录写起来确实是个浩大的工程。

"父亲坚持要我学中文，才有现在的我，我很感激父亲的决定"

神崎的父亲是研究矿物质的专家。1937 年，年仅 2 岁的神崎多实子和父母一起前往中国的长春。长春的物质生活比日本国内要好太多,所以神崎的童年生活还是很优渥的。一个楼里还住着她这一生的好朋友待场裕子,两个人一起长大,还一起爱上中文。后来,神崎选择了专业翻译的职业,裕子选择大学从事中文教育和研究。两个人还一起出版过多部中日文翻译教材,神崎写回忆录也没少打电话问裕子这个那个。能有这样一位从小就一起经历动荡年代又志同道合的好朋友,也很令人羡慕了。

1945 年日本投降,神崎还记得当时周围的日本人都在哭,她也跟着掉眼泪。那时候想回国是没有可能的,只能原地待命。神崎说:"其实我什么也不懂,但是看到周围是那样的气氛,小孩子嘛就跟着一起哭了,我更多的是对自己的未来感到不安。"

1948 年的辽沈战役中,东北野战军把国民党的 10 万军队围困在长春,直到 1948 年 10 月 19 日国民党军投降、长春和平解放为止。围困长春时,解放军在长春外的环城公路设防,和长春城之间有一段真空地带叫"卡子"。那时长春城里没有食物,也缺药品,很多人饿死。解放战争初期我党就考虑到要保护能帮助建设国家的技术人才,所以关键时刻我地下党第一时间找到神崎父女,把他们带出了包围圈,转移到安全的后方。神崎说:"我父亲在中国一直从事矿物勘探工作,他说中国解放了真好,以前去山里勘探,前后左右都有日军看守,解放后轻轻松松地专心勘探就好!"

1949 年新中国成立后,神崎的父亲在吉林东北大学,也就是现在的长春东北师范大学教化学课。父亲认为学中文很重要,尽管当地有日本人学校,神崎此前也一直是在日本人学校里念书,父亲还是坚持要神崎和中国孩子在一个学校里念书。回想起父亲的坚持,神崎老师万分感激父亲的英明决定,因为正是因为从小学中文,有了牢固的基础,才能有后面的机遇,成就现在的她。神崎老

神崎多实子年轻时与中国同学和老师的照片

师说："我13岁还要回到小学里补课，周围的同学都小，说话也听不懂，好在那时候有裕子，我们一起上学心里才不是那么紧张。"

神崎顺利地升到师大附中后，4年多的学习生活给她留下了深刻而美好的回忆。那时候的中国年轻人朝气蓬勃，神崎说："过去我没有听过中文歌曲，学校里的大学生都在唱《东方红》《团结就是力量》《没有共产党就没有新中国》，我都能背出来。在礼堂里看演出的时候，那些大学生姐姐们就叫我过去，让给我座位，有时候还把我抱起来坐在腿上一起看节目。在那时候感觉中国人和日本人能够这么亲近，我越来越喜欢中国，从那时候开始我对中国就特别有感情。我喜欢中国，喜欢中国的老师、同学，还有朋友们，我后来回去看到她们，可亲了，那种感情是很特别的。"

神崎老师和砂原惠先生很熟悉，也是老朋友了，他们从50年代给中国代表团做翻译开始相识，彼此也很是了解。说起对中国的感情，这两位是最赤诚的，也是和中国始终保持联系的人。1953年神崎回日本，再去中国已经是5年后作为日本商品博览会的翻译随团去武汉，温差变化大，不小心还感冒了。她中学时代的恩师张孟君老师得知后，特意从长春给她寄去一件红色的毛衣。2020年，日本新冠肺炎疫情初期，市面上根本买不到口罩，张老师的女儿又从中国寄给她口罩，请她留下自己用的之外，其余的送给其他有需要的朋友们。就是这样温暖的感情，让神崎老师对中国总是有牵挂，有机会就要回去和她的老师、朋友们相聚。

神崎老师说："中国可以说是我的第二故乡，所以一直到现在，我还是从事广播翻译的工作，我还是看中央电视台、上海东方卫视的新闻，中国是我一生难忘的，或者是离不开的国家，是我的故乡。"

正式开启中日文翻译的职业生涯

1953年，中国政府号召日侨和在华的日本研究人员回国，18岁的神崎也跟着家人准备离开。在港口等船的几个月时间里，神崎认识了同样在这里等船，义务教孩子念书的涩谷文雄老师。因为神崎中文好，她被安排负责中日双方的沟通，每天向中方报告日方人员的健康和用餐情况，是否有需要特殊照顾的病号。神崎老师还保留着近70年前的笔记本，上面非常详细且认真地记录了等待回国的日本人每天的需求，谁家需要病号饭，要喝粥，谁家需要药品，等等。在她的笔记本上还能看到一些后来成为日本社会精英的著名人士的名字。那时候的神崎每天都是开心的，因为她可以使用中文，可以用中、日文帮到大家。

回到日本后，神崎在东京都立大学附属高中念书，彼时的她最想念的就是中国的朋友，好在没过多久就等来了再次见到中国人的机会。1955年3月，新中国成立后首批贸易代表团访日，为了做好代表团的接待工作，日方开始募集中文翻译。神崎也去参加了考试，面试地点在东京站附近，考官是仓石武四郎和浅川谦次，考题是日语讲话稿翻译成中文，参加面试的多数是从中国回来的人，有30多人。神崎当时只是都立大学附属高中三年级的一个学生而已，考试很顺利地合格了。

神崎说："我不到三岁的时候去中国，接触中文已经是上中学以后。新中国成立后，在父亲教书的长春东北师范大学附属中学念书，和中国同学一起学习。一开始中文语速太快跟不上，但是4年后，到1953年我回日本时，已经很喜欢中文授课的课程，迷上了中文。我觉得都是缘分，如果我一直在日本人学校，没有去中国人学校念书，如果我没有去参加那次面试，如果我面试没有合格，肯定不会有今天在中日文翻译领域愉快畅游的我。我去参加面试主要是我太想见中国人了，听说有可以近距离接触中国代表团的机会，我就去面试了。代表团是在学校春假时来日本，并不影响学业，那是我很难忘的经历。"从这个访日代表团开始，神崎启动了她翻译生涯的第一步。

1956年在梅兰芳的京剧代表团、禁止原子弹氢弹的世界大会代表团、鲁迅夫人许广平女士和剧作家曹禺等著名人士访问日本时，神崎都陪同代表团一起行动。当时还年轻的神崎不能从事正式场合的翻译工作，酬劳也不高，但是生活中非正式场合的翻译都由她负责，而且最令她满意的是可以常常听到中文。

接待梅兰芳代表团那次，孙平化任代表团秘书长。神崎20岁，中文还有待提高，日文因为常年不在日本也有待积累。神崎随团访问福冈时，在九州大学任教的父亲来看她，还担心地问孙平化秘书长："这孩子能帮上忙吗?"十年后的 1966 年,孙平化作为 LT 贸易(1962 年中华人民共和国和日本国之间以《中日长期贸易综合协定》为基础,在两国没有正式邦交的情况下,互相建立联络处,利用政府担保的资金进行的半官方半民间的贸易活动)代表驻在日本,邀请神崎去事务所帮忙,回忆那一年多的经历,神崎说,"那是她在日本最棒的中文学习环境"。就这样一步一步地,神崎成为一名专业的中日文翻译家。

培养翻译人才

1968—1973 年,神崎在日中学院和中国语研修学校教授中文,后来由于翻译工作繁重,才辞掉了这两所学校的教学工作。但是在 SIMUL 同声传译的教学工作从 1985 年一直延续到现在。日中学院很有历史,位于内山书店大楼的 2 层和 3 层,正是和鲁迅先生交往亲厚的内山完造一家经营的书店。1985 年日中学院从内山书店迁往位于饭田桥的日中友好会馆。神崎老师任教的六七十年代,教材主要是《人民日报》,所以对"老三篇"的《为人民服务》《愚公移山》和《纪念白求恩》甚是熟悉。神崎老师虽然人在日本,但是精神上始终和中国保持同步,同年代人的经历她都能有感而发。值得一提的是,对华友好人士立宪民主党的海江田万里曾经在中国语研修学校的夜间部就读过,芥川赏作家辻原登也是这所学校的毕业生。

神崎老师说,翻译这个行业很有游戏竞技的感觉,是自己和自己的竞技比赛,挑战自身的能力和极限,要在最短的时间内把内容翻译到位。但也会遇到中文普通话不标准的中国人、说话不断句的日本人，当时是惊险时刻，回忆起来都是难忘的经历。

1994年3月，日本首相细川护熙访华，那时的神崎作为资深的中日文同传翻译随同细川护熙访华。神崎的工作是负责为中日领导人会见结束后的记者会做同传，其他的都是外务省的人翻译。神崎说："说是随行翻译，但其实我和细川护熙总理直接说的话只有一句'请多关照'。那次翻译给自己打分的话综合分是70分。忠实原意95，流畅度表现力60—70分吧。"

翻译工作每次面对不同的客户，要掌握客户的大致周边情况才好在他的讲话内容中做出正确的逻辑判断，因为翻译的都是一截一截的断句，逻辑判断能力决定了翻译的质量。同声传译的难度更大，因为不像逐次翻译那样还能有判断的时间，有条件的话在做同声传译之前，需要反复地听这个人的发音，研究发音特点，只有抓住这样的特点才能在对方讲话的同一时间从容地完成同声传译。我的工作不只是现场采访，有时候还要负责记者会的同声传译，所以在翻译这个领域和神崎老师真是有说不完的话。神崎老师在随团访问中国之前也是反复研究细川护熙在日本国会上的讲话，细川护熙的问题是讲话不爱断句。记者会开头陈词提前可以拿到讲稿，就是不断句也能掌握全局，但如果进入记者提问环节，还是这种讲话长度的话，翻译就会有困难。神崎说："记者会之前，外务省发言人建议我如果总理讲话太长，可以打断总理讲话，但是我何时介入才好？又不能打断的次数太多。果然进入记者提问环节，总理说到朝鲜的核问题，政府方面的态度也还是1、2、3……吧啦吧啦的不断句，4分钟都不给翻译留个空间，间隔时间太长，我忘记了提问记者的名字和所在媒体的名字，这令我很懊恼。那天，NHK直播了40分钟的记者会，我的同行们后来告诉我说一下就听出来是我的声音,还有人说我,'你够厉害的啊,还敢打断总理的讲话!'"

以外国专家的身份重返中国工作

神崎老师的丈夫神崎勇夫也是日本著名的翻译家。生于1931 年,毕业于东京外国语大学中文系,2008 年 2 月 18 日因病去世。两人因中文结缘,相识于东方书店。东方书店是 1951 年以中日出版文化交流为目的创建的,位于有东京书屋一条街之称的神田神保町。1976 年 1 月末,神崎夫妻带着小学四年级的儿子到北京工作,夫妻俩一个在外文局下面的北京周报社和人民中国社工作,一个在中国画报社工作,主要负责对外宣传的日文修订。在中国的收入很少,和在日本的工资没法儿比,但是在中国国内已经是很高的待遇。因为在北京生活

神崎多实子在返回日本前为日本侨民和中国工作人员做翻译时用的笔记本

的这四年时光,神崎老师的儿子后来也成了一名优秀的中日文翻译专家。

神崎夫妻在北京的工作量很大,要应对定期发刊的中国杂志日文版的校订,即使是唐山大地震后,人们都在避难棚生活时也没有耽误一天。当时外国人在北京集中居住在友谊宾馆,唐山大地震后,神崎一家人生活在友谊宾馆空地上搭起的帐篷里,同事们把

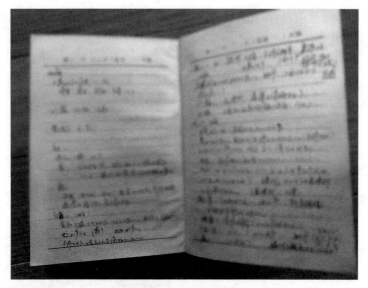

神崎多实子笔记本内容

文稿送来，俩人就在闷热的帐篷里忘我地笔耕，保证了《人民中国》日文版在日本如期发行。

和涩谷老师的重逢

神崎随父亲回到日本后，和涩谷文雄老师也就失去了联系。直到日本媒体采访神崎的父亲吉村恂，刊载在报纸上，被涩谷老师看到。涩谷立刻打电话去报社询问，按规矩报社不可能直接告诉他联系方式，这中间几番波折后，神崎才和涩谷老师重新联系上。

2019年5月11日涩谷文雄因病去世。去世前，涩谷老师对神崎说："我知道你不想写，所以我已经帮你写好开头，你可以往下写了。"实在是太像涩谷老师一贯的幽默作风，说起这段，我们都很想念涩谷老师。

现在，神崎老师每天都在为涩谷老师留下的作业奋笔疾书，我们都期待着新冠病毒疫情能稳定下来，好去给涩谷老师扫墓。

一切为了和平

矢崎光晴：用蒙古舞传播中国文化，继承父亲的反战事业

1920 年　矢崎新二出生

1941 年　矢崎新二 21 岁，被征兵加入日本侵略军

1959 年　矢崎光晴出生于日本东京

1998 年　9 月 15 日矢崎新二去世

矢崎光晴，现任日中友好协会本部的事务局局长，原日本战犯矢崎新二的儿子。采访矢崎光晴先生是在日中友好协会他的办公室里。这里的办公环境很陈旧，随处可见中国文化的痕迹，一不留神会误以为自己是在北京有些年头的老办公楼里。矢崎光晴是父亲的老来子，在家倍受宠爱，父亲走哪儿都带着他，在他还是小孩子的时候，连酒吧都带他去过。他曾经自认是最了解父亲的人，一次偶然的机会，因为给"为了和平的战争展"帮忙，发现了父亲不堪的经历，从此开始挖掘并记录原日本战犯的证言。1990 年制作完成纪录片《泥泞的军靴——延续未来的证言》，收录了原日本战犯的珍贵影像记录，并且在日本的中小学、大学播放，让日本的年轻人对战争与和平、加害者和受害者有正确的认识，在日本社会有很大的影响力。

矢崎光晴继承了父亲在抚顺战犯管理所学到的蒙古舞，因为这个舞蹈承载了中国对日本战犯的宽恕、日本战犯对中国人民的

忏悔和感恩，这段蒙古舞成为日本反战人士主题活动中的经典保留节目，日本反战活动的进步人士们都知道蒙古舞，说起蒙古舞也都知道是矢崎父子。

矢崎光晴接受采访

通过传播中国文化，改善中日关系，从对立到共存与共生

侵华战争期间，日本家家都被卷入战争，矢崎家也一样，三男一女4个孩子，其中3个儿子都被征兵进了日军。矢崎光晴的父亲矢崎新二在家里的三兄弟中排第二，据说矢崎新二从小学习就好，各科都是优，他的大哥更优秀，不光成绩好，体育也好。最受母亲的喜爱。这位大哥第一次被送往南方战场时，在海上船沉了，他在重油里漂了一夜奇迹般地活了下来。原以为出院后可以回东京的家，母亲也很开心，后来突然被通知还是要去南方战场，没想到第二次出海时又遇到船沉，这次没有那么好运，再也没有回来。母亲伤心得精神出现问题，走失后再也没能找回来。

矢崎光晴说："战争毁掉了所有人的正常生活，不论是加害者还是被害者。赵冠英是被日军强掳到北海道煤矿干活儿的中国劳工，他的母亲想拦住日军不要抓走她唯一的儿子，被日军用枪托砸伤了头，醒来后精神就错乱了。家里来了人就以为是儿子回来了。赵冠英战后回到家时，一直想着他的母亲已经去世了。我觉得赵冠英的母亲和我的奶奶，虽然分属受害者和加害者两个阵营，但是作为母亲，她们都因为战争失去了最爱的儿子，都是可怜的母亲。在日本社会，特别是政治家们看来，侵略战争的责任并不明确，我们有责任把战争体验者的心声记录并传播出去。通过再生大地合唱团，通过蒙古舞，让更多的日本人了解侵华战争的实质。我作为日中友好协会的事务局局长，在中日友好活动中把太极拳、中文等中国文化带给日本民众，就是想通过文化交流，让日本民众体会到和平友好的重要性。了解异国文化后会有共鸣、有兴趣想要了解更多，社会意识也会从对立向共存、共生的方向发展。"

日中友好协会首先发起对内反省战争责任的活动

日中友好协会成立于 1950 年 10 月 1 日，是跨越政党、派系，超脱于思想信条的日本国民组织。该组织创立初期的目的是：彻底反省由于日本政府发动的战争让日本国民持有错误的世界观，不重蹈覆辙，不再被蒙骗，而这也正是日本和平宪法的核心思想。日中友好协会成立初期，日本政府还在对中国实施敌对政策，两国尚未通航也没有交流，日中友好协会从寻找被日军强掳到日本来的中国劳工的遗骸做起，分 9 次将惨死在异国他乡的中国人遗骸送回祖国。完成这个大工程之后，日中友好协会成员一度以为战争责任问题已经告一段落，恰逢此时发生长崎国旗被辱事件。中国在长崎办展会期间，受到右翼分子的骚扰，中国国旗被扯坏。事后，日本政府只以破坏物品的罪名处理，严重折损了中国的国家尊严，中日民间交流也再次被中断。正是因为这个事件，日中友好协会意识到应当把眼光投向国内，如果真心重视中日友好，首先应当改善并反省历史认识问题。日中友好协会这一方向性的切换，为后来的民间反战活动完成了准备工作。

矢崎光晴说："90年代，战争被害证言的影像资料有很多，但是日军对中国人民施暴加害的事实证言几乎没有任何影像资料记录。加害者的证言更可以作为证据留存，可是原日本兵们因为年老体衰，还在世的人越来越少，我考虑应当尽快留存这些原日本兵对中国人民加害的证言。后来就制作了三部证言纪录片，制成DVD版《泥泞的军靴——延续未来的证言》。战后出生的人不了解战争，有些政治家还妄图修改宪法，我们要做的就是针对这些战后出生的日本人，通过战争经历者的讲述让他们认识到战争的残酷。在学校播放过纪录片之后，还会请中归联的老人们到学校去面对面地向孩子们讲述自己的战争经历，告诫孩子们不要重蹈覆辙再发动战争。而且这种加害体验和当今社会中的校园霸凌问题，本质上是共通的。战争中从人变成鬼的体验，正如同当今社会上扭曲的人性，所以战争证言活动并不会因为战争已经结束就显得过时，正相反，以加害者为主的战争证言更能为当今社会敲响警钟。"

矢崎光晴随父亲一直积极参与日中友好协会的活动，大学毕业后在日中友好协会就职，薪水不高但他认为很能体现人生价值。成为日中友好协会事务局局长后，矢崎光晴更是全身心地为中日交流和反战活动四处奔波。2016年8月28日，矢崎光晴随同理事长田中义教前往沈阳参加"历史的证明——日本战犯释放 60 周年纪念研讨会"。中国友谊促进会的理事马灿荣、众议院议员近藤昭一、姬田光义教授，还有中国社会科学院日本研究所所长高洪也参加了这个研讨会。矢崎光晴在研讨会上发言说："为了防止日本再走上错误的方向，我们必须代父辈向日本民众宣传侵略战争的本质。迄今为止世界上只有中国政府能做到不以暴制暴，用宽阔的胸怀促动日本战犯自发地反省和忏悔。正是这种斩断报复情绪的宽大政策，才让日本战犯从鬼变成人。而且中归联、抚顺奇迹继承会还有日中友好协会等战后出生的日本有识之士也正在延续反战、和平、一定要中日友好的信念。"

父亲因军国主义教育，内心变成"鬼"

矢崎光晴的父亲矢崎新二受军国主义教育影响至深，当初参加征兵检查时，由于患过肋膜炎，只得到"乙种"的评价，算不合格。新二不甘心地缠着长官，才"获得"了加入日军侵略者的机会，从此杀人如同一天三顿饭那样随意。现在的人真是很难想象年轻的矢崎新二怎么那么疯狂地想去战场为天皇而战！

矢崎光晴在明治大学念书时，父亲所在的中归联经常组织反战和平活动，假期里父亲叫他去帮个忙。在会场第一次听到了父亲矢崎新二、原日本战犯在侵华战争期间的所作所为，颠覆了他以往的认知。在他眼中父亲和他的朋友们都很和善，人也幽默，万万没想到的是，在他们的战争证言活动中，会听到这些人讲述过去做"鬼"的经历，那些有趣的叔叔们竟然有那么恐怖残忍的一面。

1942 年，东条英机内阁的阁僚会议通过把华人劳工移往日本

矢崎光晴的父亲矢崎新二出征前

本土的相关法案，解决日本国内劳动力不足、生产无以为继的社会问题。造成4万中国人远离家人，在日本各地135个地点从事严酷的重体力劳动，近7 000人死亡。中国劳工死难者遗骸的收集工作至今尚未结束。其实早在该法案通过之前，日军在中国的土地上已经开始了强掳劳工的暴行。1941年，矢崎新二21岁时被征兵进入59师团独步109大队机关枪中队，在中国参加了侵略战争，直接参与过这个日军名为"围剿兔子"的作战计划。为了强掳中国劳工，日军在中国当地先搞围捕兔子的演习，从队形、到旗语都精心布置，真正实施时，对象从兔子变成手无寸铁的中国老百姓。从上到下的指令是：抓捕对象是17—45岁的男人，剪短发的女人也要抓起来，逃跑或反抗者一律射杀。干坏事都这么精心，确实不是人！然而战后，并没有关于强掳中国劳工的记录，甚至还被质疑是虚构。在矢崎新二的证言中，他说："北方各师团都演习过'围剿劳工'的作战方案，1942年、1943年至少实施过两次。但是

59 师团以外的师团没有关于'围剿劳工'的记录。第 12 军的 32、35、59 师团，独立混合团 5、6、7 旅都是实施过'围剿劳工'作战的。"

矢崎新二的战争证言中经常提到他在强掳中国劳工的过程中，最无法原谅自己的往事，矢崎光晴说父亲每提到这段往事都会哭。当时，矢崎新二随日军进到一个村子里，看到符合抓捕要求的老百姓就扑过去把人摁倒，要强行带走，两人缠斗在一起。庄稼汉子求他放过自己，自己只是种地讨生活的老百姓。争执中男人的媳妇从屋里跑了出来，夫妻俩跪地求放过他们。矢崎新二踹开妇人拉起男人就要走，妇人看拦不住，跑回屋里拿出了手巾包裹的布鞋，还有干粮，都被矢崎新二给踢掉，嘴里还骂骂咧咧地说"在皇军面前磨磨蹭蹭的想干什么！"矢崎新二回忆这段往事时说："自己的丈夫要被凶残的日军抓走，也不知道还能不能活着回来，至少不能让丈夫光着脚走，给丈夫揣上新做的布鞋、干粮这是人之常情，可我当时只看到磨磨蹭蹭，那时的我丝毫没有人性，就是禽兽啊！我就是这样抓走了一个又一个中国人。"

在抚顺战犯管理所重新做人

日本战败后，矢崎新二被带往西伯利亚，后又被移交给中国抚顺战犯管理所。受到中国人道主义关怀，良心复苏，重新找回人性。在抚顺战犯管理所指导员说过很多开导他们的话，点中矢崎新二要害、让他内心有触动的一句话是"我们希望你们能尽早回家，你们的兄弟姐妹都日夜期盼着你们归家，中国人民非常理解你们家人的心情"。这句话让矢崎新二顽固的内心出现裂缝，他想到被日军抓走的中国老百姓，早上出门下地干活还是好好的，被日军抓走就失去了联系，家人们等待了一天、一个月、一年……但其实这个人可能已经被日军斩下了头颅。所以"你们的兄弟姐妹都日夜期盼着你们归家，中国人民非常理解你们家人的心情"这句话实实在在地触动了矢崎新二的良知。

在抚顺战犯管理所，中国人民没有把满腔仇恨以牙还牙地报复在战犯身上，反而以人道主义精神照顾、教育了他们。日本战犯们从最初的抗拒到接受，在文娱活动、思想学习中学会自我反省，从鬼变成人。矢崎新二是通过学习蒙古舞第一次接触到中国文化，他感叹自己怎么能对有着厚重历史文化的中国国民做出那么丑恶的事，矢崎新二自我反省的决心更加坚定，对曾经自以为是地认为中国人是劣等民族的自己深感惭愧，通过理论知识的学习还有和管理所工作人员的接触，感受到中国人民的善良、宽容，对中国越发地尊崇。

荒马座

蒙古舞是中国少数民族祈祷丰收、源自生活的民族舞，矢崎新二对蒙古舞可以说是非常痴迷，一直跳到七十多岁。每次参加证言活动都会带着赎罪和感恩的心情，在现场为日本民众跳一段蒙古舞，希望能引起在场者珍视和平生活的共鸣。

因为这个舞蹈，矢崎新二对文化活动也很有热情，荒马座就是矢崎新二从筹备到创立一手帮衬办起来的民间歌舞团，创立于1966年9月，位于东京都板桥区，是日本首都圈当时唯一的一家以太鼓和舞蹈为主的民间歌舞团。荒马座最初的九名演员从秋田县来到东京时，等在上野站接他们的人就是矢崎新二。荒马座到现在也保持着演出和战争证言相结合的传统，娱乐的同时也让日本民众不忘历史之鉴。

矢崎光晴说："正是因为中国政府采取人道主义关怀的政策感化日本战犯，我的父亲才能有命回国，我才有机会出生，成为现在的我。如果我的父亲被中国政府处决，如同日军对中国人民

荒马座歌舞团所在地

所做的那样报复回来也是理所当然的，假设我亲眼看见父亲被行刑，即使我明知道父亲罪该如此，出于人性的狭隘，也还是会对中国有恨意，从此活在报复和牺牲的轮回中。是中国斩断恨与复仇的锁链，用宽恕之心拯救了日本战犯，同时也让他们成为日本社会里为反对战争、维护和平而呐喊的进步人士。日本和中国的关系并不局限于政治家级别的交流，在民间相互了解彼此的文化才是促进相互理解的第一步。"

矢崎新二去世后，矢崎光晴常去荒马座捧场，也会和演员们共舞。矢崎光晴说，"我算是'世袭'了父亲的蒙古舞，70年代的时候，我父亲身体越来越差，左脚拇指几乎不能动，就是这样也坚持在各种场合跳蒙古舞，那时候我感觉到我得学、我得跳，后来还和父亲一起跳，非常神奇的是跳着跳着，我似乎越来越理解父亲的心思。后来再有人想学蒙古舞时，我对父亲说我来教。那时父亲已经病得起不来床，父亲反复和我说，那个舞蹈、蒙古舞，不在舞蹈的技巧，在心意。我们以各种形式继承父亲坚持的信念，我想也只有这样才能把他渴望赎罪、珍视和平的心意延续下去吧。"

本书出版后，我会寄给矢崎光晴先生，正如他所说的那样，我们以各种形式继承、记录、传承着中归联老人们的信念，实事求是地记录历史，直面人生中曾经扭曲的经历，勇于反省自身，以警醒他人。这是符合社会发展进程的理念，这种理念即使因为社会潮流被暂时沉淀，也依然会存在，会再现，会被后人仰望。

矢崎光晴于再生的大地合唱团 10 周年纪念演出时表演蒙古舞，这也是他父亲在抚顺战犯管理所学的舞蹈

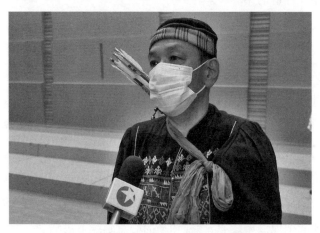

矢崎光晴在纪念演出后接受作者采访

渡边夫妇：组织反战主题剧目演出为父辈赎罪

1946 年　横井量子生于日本东京

1947 年　渡边义治生于岐阜县

1967 年　渡边义治毕业于爱知大学法经学部，毕业后加入剧团研究所，一直从事舞台表演

1991 年　渡边义治从哥哥那里了解到父亲曾经是旧日军军官，也是丙级战犯的真相。在访问了中国东北之后，深感父辈罪孽深重，决定全身心地投入反映侵华战争历史事实的舞台剧演出，为父辈赎罪。

1993 年　夫妻成立两个人的剧团——IMAGINE 21

渡边义治和横井量子出生于日本战败后，一个是战犯之子，一个是发战争财的商人之女。尽管有着不同的出身，但是他们对日本发动的侵华战争，对自己父亲所参与的战争都有着沉重的罪恶感。两人通过对自身家族历史的探究，通过前往中国探寻战争的痕迹，通过战争受害者的讲述，不再逃避或者无视，而是选择重新面对自己的人生。

IMAGINE 21 是渡边义治、横井量子夫妻的剧团。这个剧团有两个特点，一是从编剧、导演、演员到灯光、音响、服化道等都是他

们两人完成。二是他们演出的剧目以反省日本发动的侵略战争为主，代表剧目有再现南京大屠杀、慰安妇、日本宪兵等问题的《地狱12月——南京悲剧》《再会》和《瞳——眼见为证》。他们不只是在日本国内演出，还在中国、美国和加拿大等国演出，走到哪里都受到媒体的关注。小小的剧团有着巨大的影响力。

渡边义治在家中接受采访　　　　　　　　横井量子接受采访

我对渡边夫妇的采访总共有三次，两次是在舞台演出前，一次是在他们的家中。去他们家那次是我和摄像师两个人到他家附近的车站后，渡边先生来接的我们。真的没有想到两个人居住的环境是那么陈旧，一室一厅的老公寓房子，没有什么贵重的摆设，主要就是书和资料。他们把钱都用在舞台剧上，生活中并不追求物质上的满足，他们追寻的是无愧良心的一种救赎。

渡边义治："我的父亲是丙级战犯"

渡边义治出生于日本战败后的 1947 年，家里有父亲、母亲、哥哥和他。遗憾的是父母总吵架，父亲甚至时常家暴，总对母亲动手，四口之家并不和睦。在渡边的记忆里，家中的氛围阴暗、压抑，追根究底造成这一切的原因是渡边的父亲曾经参与侵华战争的那段经历，虽然逃脱了法律的审判，但是罪孽深重，良心难安，情绪很不稳定。渡边小时候就曾经看到过夜半惊醒的父亲，瞪着赤红的双眼，面部扭曲得如同鬼魅。

渡边义治的父亲渡边爱治

渡边的父亲渡边爱治生于 1910 年，是岐阜县岐阜市经营酱料的资产家的次子。中学毕业后考进东京的日本体育会体操学校（现在的日本体育学校），毕业后回到岐阜市在政府单位上班。1934 年，得知伪满洲国招募军人，主动报名去了中国东北。1938 年和同乡结婚，第二年有了长子（渡边义治的哥哥）。1939 年诺门坎战役后，渡边爱治退役，转去做伪满洲国的官吏。战争结束前的 1945 年 3 月，再次被征召，担任伪军的指挥官专门抓捕反"满"抗日人士，也杀了不少中国人。据渡边的母亲说，父亲睡觉的时候都把枪放在枕头下面，生怕睡着的时候伪军中的中国人会暗杀他。1939 年，渡边的父亲转去伪满洲国做公务员，1945 年时，又转至关东军的铁道部队，军衔是中尉。渡边认为，父亲手染中国人的鲜血，对中国有罪是不争的事实，与此同时，对日本国民，特别是对那些被骗去中国参加所谓开拓团的日本民众更是有罪。因为早在日本宣布无条件投降的前一周，关东军的指挥官们在获知苏联参战的消息后，连夜就带着家人乘军用列车秘密逃回日本。列车所过之处的轨道、铁桥也被他们刻意炸毁，关东军自己先跑掉不算，还要毁掉日本侨民的回家之路。身处中国东北深处的"满蒙开拓团"24万民众被关东军遗弃，即使赶到车站也等不来本就无法到达的列车。只能靠步行逃跑的日本侨民，沿途有的病死，有的饿死，还有集体自杀的。也有受到中国人的帮助幸存下来的日本侨民，一时无法回国留在了中国，成为中国残留妇人和残留孤儿。

渡边说："1945年8月15日日本宣布无条件投降，9月2日我父母带着哥哥就抵达山口县仙崎港，回到了日本。按照当时GHQ①美国占领军的规定，我父亲被定为丙级战犯，开除三年公职。我父亲是自愿参加日本对中国的侵略战争的，伤害并杀害了很多中国人，他对中国是有罪的。而且，逃跑的时候我们一家人是幸存了，但是把'开拓团'的日本人逼上死路。我出生在这样的家庭，深感自己有罪，不只是我，我的家人也有罪，我自认无法获得幸福，也不应该幸福，我们这样的家庭势必是要受到报应的。我一直都为此感到自卑、恐惧。"

渡边认为他的父亲是因为罪孽深重，无法逃避内心的恐惧和胆怯，才会用愤怒、暴力来掩饰自己的不堪。一家人吃饭的时候，一言不合父亲就会掀桌子，砸盘子砸碗，殴打母亲，最过分的时候抓着母亲的头发拖来拽去。在这样的生活状态下，母亲患了抑郁症，渡边也关闭了自己的心门，时刻处于精神紧张的状态，这样的一家人无法融入邻里和社区的正常生活。渡边高中毕业后，考上爱知大学法经学部，学生时代积极参加社会活动，大学所在的名古

① GHQ，General Headquarters的缩写，1945年8月15日日本宣布无条件投降后，8月30日麦克阿瑟抵达日本，接收了皇居周边的第一生命保险本馆，建立盟军最高司令官总司令部。现在叫"DN Tower 21"，这栋建筑里依然保存着麦克阿瑟当年使用过的办公室，一年只对外开放一次。

屋和他家岐阜市并不远，他也很少回家，一个月也就回去一两次，在家住一晚就走。终于有了逃脱的机会，就不想再靠近父母。这样的生活一直到大学毕业，渡边立刻逃跑似地离开父母，离开家，独自到东京发展。

1982 年，渡边的父亲因癌症去世；1983 年，渡边的母亲因抑郁症自杀身亡。

"一次中国行，让我找到自己活着的方向"

渡边的父母 1938 年在哈尔滨结婚，并在哈尔滨生下他们的长子，也就是渡边的哥哥。哥哥 7 岁离开中国，大学毕业后在邮局工作。哥哥上班后曾经以强硬的态度质问父亲："你在中国到底干什么了？"父亲回答说"命令部下斩杀中国俘虏"，从此再未提过战争中的事。渡边出生在日本岐阜县，虽然出生在战后的 1947 年，但是家里的气氛犹如战时，用渡边先生的话说就是全家一直都生活在战场上。

一次偶然的机会，朋友邀渡边去看新式话剧，渡边被又唱又跳、酣畅淋漓地表达感情的舞台剧震撼了，这和他的成长环境反差太大，话剧的魅力也更大了。渡边本来也不想当朝九晚五的上班族，就去尝试考东京艺术演剧研究所，还就考上了！从此开始了人生中从未想过的职业演员生涯。平时安静内敛的渡边一旦走上舞台，爆发力很强，他也终于找到能让他快乐的领域，舞台剧成为他生活的全部。也是因为舞台剧，渡边和东京艺术座的横井量子相识、恋爱、结婚。

生活和舞台不同，由于对原生家庭的失望和无力感，渡边始终无法控制内心阴郁的情绪。一次因为收到母亲寄来的血书，夫妻俩发生争执，渡边冲动地对妻子动了手。这件事让渡边突然意识到："自己怎么会延续父亲的罪孽？这样继续下去的结果就是罪孽的叠加吧？自己果然是战犯的儿子！"渡边开始重新审视自己和父母的关系、自己家和侵华战争的关系。而且渡边最热爱的舞台表演也遇到了瓶颈。他开始纠结舞台剧到底是因为什么而存在，作为活在当下这个时代的人，是不是更应该把思想、把理念通过舞台表达出去。1991年，夫妻俩看了NHK①的纪录片《被遗忘的女人们》，说的是从长野县去中国东北"开拓团"的女人们，在日本战败后和亲人生离死别、被留在中国当地，成为日本残留妇人，其中一位中岛女士，留在中国45年。渡边看了这个片子后心情很受打击。

渡边说："我从不知道在中国还有日本残留妇人这样的一群人，对于她们来说战争并未成为过去。我想见她们，也许见到她们后可以帮我重新审视父亲战后的问题。7月时，我去长野县泰阜村找到她们，她们对我讲逃难的艰难，还请我吃这吃那的，很客气。但是当我说出我父亲是伪满洲国军人，气氛就凝重了，但终于还是有人对我说，这不是你的责任。"尽管如此，渡边始终认为父亲所杀的中国人的怨念，还有未能逃回日本的开拓团的那些冤魂的怨念就在他家弥漫着，父债子偿的想法困扰着他，即使有"这不是你的责任"这句话可以安慰他浮躁的内心，但他依然认为自己必须为父亲的罪孽赎罪。

1991年9月17日，渡边夫妻前往中国东北，他们想去看看父

---

① NHK，正式名称是日本放送协会，没有广告营收，是靠全体国民的收视费维持经营的公共放送单位。隶属于日本总务省。

母曾经生活过的地方。先去哈尔滨，又去了密山。在哈尔滨开往密山的列车餐车上吃早饭时，厨师一边驱赶苍蝇一边靠近他们，对他们说了一番话，通过翻译才知道那位厨师说的是"你们是日本人吧，这附近有好多人被日本人强行带走后，至今都没有回来！作为日本人，你们是怎么想的？"渡边夫妻无言以对，最后还是量子出面回答，说："虽然不是我们做的事情，也不是道歉就能获得原谅的事，但还是请允许我们道歉。"量子的回答缓和了餐车里的紧张气氛。

最后一站是长春。在长春博物馆，渡边看到一张令他灵魂都为之颤抖的照片。照片上，一名日军军官手撑军刀洋洋自得地笑着，脚下是几个中国年轻人被砍下来的头颅。渡边说："照片上的日军军官让我想起我父亲在战争中杀害的那些中国人，我好像明白他为什么会从噩梦中惊醒了，做下罪孽总是要偿还的，可能是他梦中被冤死的人索命吧。"

从那之后，渡边开始寻找战争受害者，为战争证言的传播创作话剧、做朗诵。他们的舞台在战争证言者逐渐逝去的当下，显得尤为珍贵。他们的正义感也令人无比钦佩，让我们看到希望、正义始终都在，不分国界和出身。

这趟中国行，渡边完成了话剧《再会》的创作。剧中，在中国的日本残留妇人"治"重返日本，找到失散多年但已经再婚的丈夫，给这个家庭带来了种种冲击，以此讲述侵华战争前后每个日本人的自我救赎。在这部话剧中，日本残留妇人是为日本侵略者犯下的罪孽还债的人。因为"满蒙开拓团"的日本人可以说是最末端的侵略者，他们抢夺了当地中国人的土地，也杀了很多中国人。"再会"，其实是正视过往的侵华战争历史，有着重新面对的深刻含义。

渡边义治的话剧《再会》海报　　　　　　　演出中的横井量子

1993 年《再会》在舞台上正式公演。在日本各地和中国、美国、加拿大等国家公演了 255 场以上，仅北海道一地就有 2 万人观看过这部舞台剧。

渡边多次试探着问量子："难道只有我家是有罪的吗？"

横井量子 1946 年出生于东京。1932 年，她的父母带着 3 个孩子从三重县搬到东京，在目黑区开了一家小书店。1937 年卢沟桥事变发生后，日军全面侵华，战况愈演愈烈，横井的父亲借此机会和附近的辎重部队做起了日用品的军需生意，生意越做越大，连世田谷区的陆军汽车部队的生意也包揽了下来，赚了不少钱，还买了新房子。即使战后，生意惨淡，店铺黄了，横井一家的日子过得也不错，量子还有漂亮裙子穿，可以学芭蕾，一家人还可以去温泉，量子还能和父母去看歌舞伎演出。从小过着富足生活长大的量子从未觉得这有什么不应该，变化发生在量子 25 岁和渡边相识之后。

量子出生于日本战败后，一切都在战后复兴的喜悦中，量子不能理解渡边为何会有罪恶感。量子认为："尽管你父亲是战犯，可是与你无关啊!"渡边有时候也会试探着问量子："难道……只有我家是有罪的吗?"量子当时嘴上没说什么，但是心里想的是别把我家和你那战犯家庭相提并论。说起这段回忆时，量子女士还笑呵呵的，但是说到1991年和丈夫一起去中国东北旅行，在长春博物馆看到那张日本军官残杀中国人的照片时，她哽咽得说不出话来，只是一遍遍地用手比画日军举着军刀砍杀的样子。那张照片对他们夫妻的刺激太大了，量子当时就泪流满面，双手合十在照片前一再地祷告，那是量子第一次对自己身为日本人有了忏悔的心情。

量子想起父母家的壁橱里还有很多军用手套、军票、防寒帽、水壶，量子还想起小时候曾经用印有太阳旗的碗吃过饭。也就是在这个时候，量子意识到，那些买了父亲店里货品的日本兵们……都去了……哪儿呢? 中国、冲绳、亚洲其他国家……还有南京! 所以自己家和渡边那位战犯父亲有什么不同呢? 一样沾染了侵华战争的罪孽。

量子还想起，父亲回忆往日辉煌时经常说："要是没有战败的话，现在还能更赚钱，过得更好些。"直到有一次量子跟父亲说："爸爸，要是没有战败，哥哥就战死了，正是因为战败，哥哥才能回来啊，所以还是战败的好!"从那之后，量子的爸爸再也没有感叹过当下的贫穷。量子的哥哥14岁时成为航空少年，16岁时去了爪哇，日本战败后被澳大利亚军队俘虏，1948年被送回日本。对那段侵略战争的经历，量子的哥哥曾经画过一些画，画面都很残忍，有海上漂浮的各种人脸，还有一些没有头颅的地狱三体图，显然也是没少受刺激。量子的哥哥还说过："战争，不要再有第二次!"

身为侵略者的儿子，此生只求为父辈的野心赎罪

2001 年，渡边夫妻俩再次来到中国，这次是专程去南京，特别是想去发生南京大屠杀的现场去看一看。在长江边，渡边有一段超乎寻常的经历。当渡边双手合十，为日本侵略者的罪孽忏悔、虔诚为死难者祷告时，突然就眼前一片血红，揉揉眼睛也还是一片血红，脑袋像要裂开似的疼痛，耳边响起"呜呜"的声音，从一个人的呜呜声，增加为两个人、三个人、几百几千人的声音，越来越大。当渡边艰难地离开现场后，所有身体上的不适都消失了。当时渡边就下决心要面对南京大屠杀这个问题，作为侵略中国的日本人家庭成员，要为父辈的罪孽诚心诚意地赎罪。

此次南京行之后，渡边用一年半的时间创作了《地狱 12月——南京悲剧》的剧本，这是一部舞台朗诵剧，分两幕，渡边和横井分饰多个角色。通过美国传教士维特林遗留下的日记、南京大屠杀幸存者的证言、从军记者的证言，向人们讲述南京大屠杀的真实历史，以及渡边夫妻俩作为战犯的儿子、发战争财的日本商人的女儿，对侵华战争的忏悔。

2005 年，渡边夫妻俩第二次前往中国南京，又一次去了侵华日军南京大屠杀遇难同胞纪念馆。在这里，他们遇到了死难者的家人，一位老太太静静地坐在石阶上，表情很伤感。量子想也许这位老人的家人被杀，老人至今都还不能释怀吧。想着想着，量子就跪在了老人面前，很自然地就双手合十祈求原谅，老人也没说什么，只是用一只温暖的手抚上量子的肩头，量子当时就伤心地痛哭起来。她想到同样是老人，她的母亲可以躺在医院里有医护照顾，

但是和母亲同龄的中国女性在南京大屠杀中经历了怎样的杀戮、性侵。如果不是侵华战争，和母亲同龄的中国人也可以长寿、幸福地过日子。之后，夫妻俩又见到几位南京大屠杀的亲历者，听完她们的讲述，渡边夫妻想要赎罪的心情更加沉重。

2006 年，《地狱 12 月——南京悲剧》正式公演，在南京、纽约以及日本国内公演了 44 场。渡边说："每个人的家族史中都会有身为加害者的罪孽，我希望每个人能够正视过去，有身为加害者的自觉，为亚洲受害者祈福。"

2015 年，渡边夫妇的第三部作品《瞳——眼见为证》正式公演。该剧编剧渡边义治，表演者横井量子，以横井量子一个人念独白的形式，讲述慰安妇的遭遇。量子说："日本不承认南京大屠杀，不承认慰安妇，是让人难以理解的，这种行为也会让日本自身的文化走向陨落。这部作品没有任何政治意图，就是要反映真实的历史。"

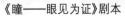

《瞳——眼见为证》剧本　　　　渡边夫妇俩阅读的关于南京的书籍

渡边夫妻两人都是内心敏感又柔软的人，他们可以感同身受地与人共情，可以从客观、正义的角度直视父辈的罪孽，也有勇气自我剖析，可以坦荡地把自己的软弱与不堪对外展示，所以他们才能够做到把自己的经历搬上舞台，通过舞台剧启发日本民众睁开自我审视的双眼，客观思考侵华战争中日本人的责任，最起码也要把真实的历史事实摆在日本民众面前，发人深省。

的确，战后75年来，日本政府每年都会为受到核弹空袭的广岛、长崎举办盛大的悼念仪式，一味强调日本受害者的身份，却很少提及日军给亚洲国家民众造成的巨大伤害，更是从未提过南京大屠杀中惨死的数十万中国人，幸好有渡边夫妻这样有良心的日本人士愿意站出来为正义呐喊。

姬田光义：战争研究学者揭开被掩盖的真相

1937 年　出生于日本兵库县神户市和田岬

1967 年　在东京教育大学结束东洋史的博士课程

　　　　任财团法人日本国际问题研究所研究员

1963 年　和日本著名画家大贯松三的女儿结婚

1965 年　随团访问中国,获得毛泽东、刘少奇的接见

1970 年　《中国共产党史资料集》全 12 卷的编辑者之一

1972 年　任驻香港日本国总领事馆特别研究员

姬田光义

1975 年　任中央大学经济学部教授

1995 年　深入中国实地考察日军三光政策人为制造的无
　　　　　人区

2010 年　任抚顺奇迹继承会代表

2012 年　任 NPO 中归联和平纪念馆馆长

现在　中央大学名誉教授

姬田光义，2020 年 83 岁，一位很帅气的日本学者，学生时代有缘去往中国，不但受到中国领导人接见，还曾和毛泽东、刘少奇等老一辈中国领导人握手。姬田说和中国领导人握手余温犹在，此生难忘。姬田专心研究中国共产党史、中国现代史，在南开大学做访问学者时开始研究侵华日军在中国实施"三光"政策时造成的无人区，结识了同样关心这个领域研究的仁木富美子女士，继而开始研究抗战时期日籍人士的反战活动，以及抚顺战犯管理所对日本战犯的宽大处理，出版过多部著作，是日本研究中日近现代史领域最为深入的学者之一。

2015 年因采访原日本战犯结识姬田先生，听他讲述抚顺奇迹继承会多年来为战争证言所做的努力，才知道他是研究侵华日军"三光"政策和作战的专家。一个遇然的机会在中国驻日本大使馆主办的七七事变纪念会上又看到他带领的大地合唱团演出，对他的了解越多，越是惊叹这个人的经历之丰富。因而把他列入这本书的人物名单。虽然他未曾经历过战争，但是从他的研究与经历可以看到侵华战争残酷且真实的事实。

现在姬田光义是中央大学名誉教授、抚顺奇迹继承会代表、NPO 中归联和平纪念馆馆长、再生大地合唱团团长。

战争记忆是我从事研究的动力

姬田光义生于日本发动全面侵华战争的 1937 年，家里有 5 个兄弟姐妹。年长他 9 岁的哥哥姬田忠义于 1944 年加入旧日本军飞行队，因为飞机紧缺，一次也没能驾机飞行，1945 年自愿加入特攻队，成为人体鱼雷的候补突击队员后，不久就迎来了日本的战败日。姬田忠义后来成为日本著名的映像民俗学者，1976 创立民族文化映像研究所，开始用摄像机记录民族文化活动。1989 年获得法国政府颁发的艺术文化勋章，代表作是《阿伊努族的婚礼》。

战后父兄平安归来并不能抹平姬田光义对战争的恐惧。姬田先生回忆说："小时候从懂事起就知道食物紧缺，小学一年级的时候因为避难，转学 4 次，二年级的时候家里的房子因为空袭全毁了。正是因为小时候清晰地记得战争有多恐怖，所以不想自己的孩子们再有同样的经历，这是我研究中日战争的起因。"

研究恽代英的专家

在日本，有很多学者研究中国的五四运动，他们的研究很细，细到研究五四运动中的某个人。姬田研究的是五四运动中中国共产党初期领导人恽代英。姬田从事中共党史研究的时候，中日尚未恢复邦交正常化，文献资料也很难找到，难得弄到一本《恽代英日记》，姬田开心得不得了。1986 年日本中央大学出版《五四运动史像再检讨》，姬田写的论文《恽代英日记之读书札记——通过恽代英看五四运动》被收录在内。

姬田说："瞿秋白、恽代英都是非常优秀的人物，但是后来受到批判。我认为不应该这样，恽代英19岁投身革命，在《新青年》发表众多引领时代进步的文章，为渴望探寻真理的中国年轻人指引方向，为五四运动的成功打下了基础。为了证明这些，我开始专门研究这些人，我当时认为应当正确评价他们。"2014年中国出版《恽代英全集》让姬田既羡慕又遗憾，他说："如果当时能有这么充足的资料，我对恽代英的研究可以做得更好。"

有幸和毛泽东、刘少奇握手，珍贵的人生财富

1965年，姬田参加第一届日本青年访华团访问中国，在人民大会堂受到毛泽东、刘少奇、周恩来、邓小平、贺龙、郭沫若等中国领导人的接见，甚至还和毛泽东、刘少奇握手。姬田对这段人生经历很自豪，周围所有人也都对他能近距离见到新中国第一代领导人，还能握手，是满心的羡慕。

日本侵略者的"三光"政策产生的无人区是历史事实

30多年前，姬田在天津南开大学做访问学者时，接触到关于"三光作战"的论文，作者是历史学者，同时也是原八路军战士、新华社记者——陈平。姬田说："在日本关于'三光'作战的报道也是有的，但是我没想到范围这么大，为了孤立八路军，把原住民从祖上传下来的土地上赶走，人为搞出这么大面积的无人区。而且对这个历史事实还有人这么专注、彻底地追踪调查也让我感觉非常意外。"

1988年，七七事变51周年纪念日的前一天，姬田前往唐山找到陈平。陈平是河北省鲁家峪人，毕业于师范学校，抗日战争期间在山里的小学当老师，由于日军的"三光"政策，陈平家被划在无人区内，陈平愤而弃笔从戎加入了八路军。从1941年到抗战胜利一直身在和日军作战的第一线。战后，陈平作为新华社的记者，开始追查日军在侵华战争中犯下的罪孽。姬田和陈平会合后，姬田提出历史事实应当如实地让日本人都看到，作为历史教训铭记于心，不要再重蹈覆辙，所以想脚踏实地地寻访日军遗留下的痕迹，亲耳倾听受害者的证言。两个人商量后决定，陈平陪同姬田实地查访无人区的原住民。

姬田在陈平的陪同下三次对无人区进行实地调查，回来后在天津和唐山之间也是数次往返地向陈平查询资料或者核实一些问题。终于，1989年，结合受害人的证言，两人合力完成的调查结果

姬田光义参加战争证言活动，他也是这个活动的组织者

姬田光义作为抚顺奇迹继承会的负责人，参加中国大使馆主办的七七纪念集会

《还有一个三光政策》在日本出版。1995年在日本再版了《三光政策是什么?》，在日本学术界是很有影响力的调查报告。

正是在调查日军"三光作战"的时候，陈平告诉姬田，还有一位叫仁木富美子的日本人也在关注"三光作战"，并在进行调查。人与人的缘分就是这么神奇，姬田因为研究三光作战结识陈平，又通过陈平结识仁木，继而了解到中归联、抚顺奇迹继承会，好像每走一步都是为了距离战争证言活动更近一步。

抚顺奇迹应当广为人知

1945年日本战败后，60多万日本战俘被押往西伯利亚。1950年，其中的969人被引渡至中国，关在抚顺战犯管理所，加上太原战犯管理所的日军战犯，共 1 062 人。6 年时间里，中国政府对他们给予人道主义关怀，保障他们的生活，通过学习让他们自发地认识到身为侵略者的战争犯罪，找回人的良心，从鬼变为人。最终除了病死的 2 个人之外，1956 年、1964 年分两次释放了所有人。1957 年，回到日本的原日本战犯成立了"中国归还者联络会"，简称"中归联"，在日本民间举办战争证言的演讲和学习会，讲述侵华战争的事实。一直到 2002 年 4 月，中归联成员的平均年龄达到90 岁，该组织才不得不宣布解散。但是就在"中归联"解散后的第二天，此前一直以赞助会员的身份参加中归联活动的日本有识之士，为了延续向日本社会控诉战争罪行的反战活动，也为了中归联成员的记忆不会被湮没，成立了"抚顺奇迹继承会"，从北海道到九州共有 11 个支部。仁木富美子正是这个组织的首任代表，也是4 年后成立的"中归联和平纪念馆"的首任理事长。

因为就三光作战问题有共同的研究领域，姬田和仁木结识，进而了解到中归联、抚顺奇迹继承会、和平纪念馆这些民间反战群体。于是，2010 年姬田被推荐为抚顺奇迹继承会代表，2012 年又被推荐为 NPO 中归联和平纪念馆馆长，不遗余力地在日本社会宣扬反对战争、捍卫和平的信念。

以下，是 2020 年对姬田先生专访的内容回顾：

我已经 83 岁，回顾历史，我认为，对侵略中国犯下的罪行、加害中国人民的罪行，日本政府应当承认和谢罪。但是很遗憾，每年 8 月 15 日，日本不说战败日，只说终战日。日本首相会有讲话，但是今年安倍首相的讲话中"回顾历史"这句话消失了，总理大臣不再回顾历史，不再思考过去。不反省日本发动的侵略战争，日本对他国的加害不深刻谢罪，我们和亚洲民众，和中国人民、朝鲜人民、韩国民众无法实现真诚地交好。日本的历史认识、反省历史教训做得越来越差，这种意识也越来越薄弱。甚至最近还煽动对中国、韩国、朝鲜的敌对情绪，扩张军备，散发攻击性的言论，我很担心日本往战争的路上越走越远。

如果和无法搬家的邻国处不好关系，是无法实现真正的和平的。如此浅显的道理谁都清楚，但还是有人在故意遗忘历史、歪曲历史。这是现代国际政治和日本外交上的最大问题。我希望人们不要遗忘，抗日战争中，中国八路军、新四军认为日本兵也是人，应该是可以从鬼变成人的，带着这种信念让日本俘虏通过学习来拓宽眼界、提高觉悟，把他们从鬼变成人，这是令人震惊的成绩。这些人向昨日的战友分发传单，告诉他们"战争是错误的，停止战争吧！尽快回国，实现和平"。日本阵地那边当然是砰砰砰的发射子弹过来，朝这些所谓的"叛徒"开枪。

事实上中国共产党在战后也一直秉承这种优待俘虏的政策。1950年，中华人民共和国成立之后没多久，当时有60多万日本兵从伪满洲国被带去西伯利亚羁押，这些人当中有近千人被送回中国接受审判。后来被关押在抚顺战犯管理所。这些人基本上也都是日本侵略战争的被害者，新中国领导人指出不能杀这些人，不能强迫这些人。抚顺战犯管理所的工作人员对这些战犯开展教育，在中国人民都吃不上白米饭的时候，让这些战犯有饭有肉吃。更令人震惊的是，当时在日本都用不上的盘尼西林(青霉素)，都给这些战犯治病用。正是这种暖心的态度，改变了被称为东洋鬼子、日本鬼子的日本人的内心世界，让他们从鬼变成人。

1964年这些日本战犯全都回到日本。因为感恩中国人，他们回来之后继续为反战、为中日友好战斗，成立了中国归国者联络会。除了这批近千人的战犯，在太原也有日本战犯，他们回日本后也加入了中归联，从此一生都坚持反战、捍卫和平，坚持为中日友好努力着。2002年，由于这些人年事已高，中归联也就解散了。为了继承他们的思想，继而成立了抚顺奇迹继承会。我作为抚顺奇迹继承会的代表、再生大地合唱团的团长，2015年带着合唱团去中国歌唱，在东北大学歌唱，希望中国民众能了解我们感恩的心，希望通过歌声可以传递我们渴望中日携手共建和平的信念。我们积极地发出这样的信号，为了世界和平、中日友好。

20世纪80年代，中国批评日本的历史教科书歪曲、掩盖历史事实，在日本引起很大的轰动。我的恩师家永三郎(日本历史学家)先生对这些歪曲历史事实的教科书提起诉讼，现在也很有影响力。值得欣慰的是，现在在东京和神奈川的横滨，那些歪曲历史事实，比如说南京大屠杀不存在、"三光作战"不存在、伪满洲国是一件好事，内容鬼扯、歪曲历史事实的教科书，已经被撤架。过去所谓的"不合时宜"的教科书正在被普及，我认为这是日本民众的胜利。只要教科书、教育做出改变，我相信国家政治也会有所改变。我和我的再生大地合唱团会通过音乐，把侵华战争的历史事实、历史教训传递下去。

再生大地合唱团

成立再生大地合唱团的初衷是为了让更多人了解中国对日本战犯的宽大处理，正是因为中国人民的宽恕，日本战犯才能从鬼变成人，带着忏悔的心情回归正常的生活。姬田说："在抚顺战犯管理所，那些身为战争受害者的工作人员，控制住个人情绪化解战犯的心魔；让战犯能够正视自己的罪孽，从鬼变回人，做到发自内心地谢罪，这两个奇迹就是抚顺奇迹。"

2016 年 8 月 28 日，由中国友谊促进会和抚顺战犯管理所旧址陈列馆共同主办的"历史的证明——日本战犯释放 60 周年纪念研讨会"在沈阳举行。8 月 29 号配合研讨会的召开，再生大地合唱团在沈阳东北大学举行了音乐会，姬田作为合唱团团长演讲之后，合唱团演唱了《从鬼变成人》的人间赞歌，全场 500 名观众都为再生合唱团的歌声感动。谅解就这么简单，一首歌，唱出日本人民的歉意，只因真诚，就能得到谅解。

姬田光义在紫金草合唱团练习

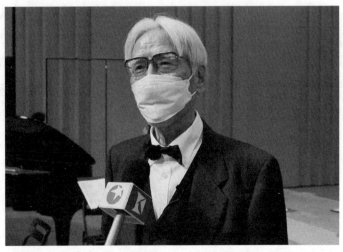

姬田光义于再生的大地合唱团 10 周年纪念演出开始前接受采访

芹泽昇雄：兢兢业业的 NPO 和平纪念馆创办人

1941 年　生于东京神田岩本町

1997 年　参加"中归联"的活动

2002 年　参加"抚顺奇迹继承会"的筹备工作

2006 年　筹备"NPO·中归联和平纪念馆"，任事务局局长

芹泽昇雄，2020 年 79 岁，高中毕业后在东武铁道工作，从事电车的维护工作 42 年，是那种典型的兢兢业业、勤勤恳恳的日本人。日本年轻一代虽然也认真，但已经达不到老一代日本人做事认真的那种程度了。我因为采访"中归联"结识了芹泽先生，他是抚顺奇迹继承会的成员，在 NPO 和平纪念馆做办公室主任的工作，现在每周去两次，整理包括账目在内的月报，处理采访预订、活动日程，琐碎的事很多，但他忙碌得很开心。

不像纪念馆的纪念馆

NPO 和平纪念馆位于埼玉县川越市，如果不开车的话，从川越线的笠幡站出来要步行 30 分钟才能到。正是因为偏僻，价格便宜，抚顺奇迹继承会才能买下这片 274 平方米的土地和 180 平方

米的旧仓库。说是纪念馆，毕竟是废旧仓库改造的，外观上完全看不出纪念馆的样子，但是，纪念馆里存放着大量揭露战争事实的证言资料，还有和反省战争相关的图书和视频文件。当年光是搬运书籍，芹泽开着 2 吨位的货车跑了四趟才运完。我因为多次去过纪念馆，所以更容易发现纪念馆的改变，记得第一次去的时候是开车过去，汽车导航上找不到纪念馆的位置，绕了几圈之后才找到。进门，满眼都是书，哪儿哪儿都是还没有整理的书，本来就不宽敞的纪念馆，被书挤得更显空间狭小。第一次去拜访是五年前，给我留下的印象是纪念馆更像图书馆，那里还有中文书。最近一次去是 2020 年夏天，东京疫情第二波刚过去，纪念馆内已经收拾得非常利落，散乱的书籍已经在挂着"山住文库"牌子的资料库里分类摆上书架。山住文库里存放的主要是原东京都立大学校长山住正己捐赠的 2 万册图书和潜心研究七三一部队的庆应大学松村高夫名誉教授捐赠的 1 万册藏书。纪念馆还肩负着笠幡当地儿童图书馆的职责，新开辟的儿童图书室也有了模样。2012 年日本东北部大震灾的时候，纪念馆还向灾区寄去了上千册的书籍。狭长的走廊被布置成展览室，收拾了之后，室内宽敞明亮了许多。

纪念馆里定期不定期地有各种沙龙，每周三、六、日从上午 10 点到下午 4 点对外开放，每年会有 300 到 400 人来这里参加活动。

中归联和平纪念馆门牌

中归联和平纪念馆的图书馆兼活动室

日本战犯吃得比战犯管理所的管理人员都要好

几乎所有了解中归联历史的人都会感叹中国人对日本战犯的优待政策，尤其是经历过日本战败前后那段吃不上喝不上的日子的75岁以上的日本老人。芹泽也一样，他小时候经历过美军对东京的空袭，各种物资紧缺的日子他也是记忆犹新的，所以对于同样物资紧缺的中国竟然还能优待日本战俘这件事，他在感动之余更多的是觉得不可思议。

芹泽说："1950年，抚顺战犯管理所接收969名日本战犯，对日本战犯实施生活优待的政策，待遇实在太好，日本战犯自己都很惊讶。刚从西伯利亚苦寒之地来到中国，他们看到管理所的工作人员在吃高粱饭，可给他们吃的是白米饭，还有菜和肉，都以为这是最后的晚餐了。中国政府对日本战犯在生活上照顾得很好，考虑日本人的民族习惯，满足饮食上的要求。但是战犯毕竟是战犯，应当认识到自己的罪行，所以让他们看日语的报纸、书籍，让他们从内心深处反省自我。最后 1965 年审判的时候，按照周总理下达的指示，没有一个人被判死刑和无期。抚顺战犯管理所和太原战犯管理所一共 1 062 名战犯，只有 45 人被起诉，其他人都被当庭释放，被起诉的 45 人在服刑期满前也被释放回国。当时中国国内有很多反对的声音，对优待和宽大战犯的做法表示不满，周总理说，制裁和复仇是不能切断恨意的连锁反应的，20 年后见分晓。"

芹沢昇雄保存的手稿 1　　　　芹泽昇雄保存的手稿 2

　　这些原日本战犯还没有回到日本，在回日本的船上就开始筹备创建"中归联"的事宜，回到日本后，与其他归国者不同，中归联成员都被视为赤色分子、大陆回来的人，很难找到正式的工作，有些人要靠送牛奶、捡垃圾的活维生。生活越艰难他们越不能忘记在管理所的生活，也是为了抱团取暖，找个可以互相依靠的集体，原日本战犯回到日本的第二年（1957 年）成立了中国归还者联络会，简称中归联。正如周恩来总理所说的那样，中归联的成员们，每一个人都像是一个基站发射塔，在日本全国不同的地方向外发射着日本侵华战争的事实、反对战争的声音，因为他们的努力，日本国内的社会舆论导向才逐渐向客观、理性的方向发展。

被起诉的 45 名日本战犯也都被特许提前回国

芹泽先生经常听中归联成员的战争证言，因为他每次都在现场忙碌，有些人的证言还听过很多次，所以他对中归联成员的历史，对抚顺战犯管理所的情况了如指掌。

芹泽说："被判刑的 45 名战犯，服刑的刑期包括西伯利亚的 5 年和抚顺战犯管理所的 6 年，一共 11 年，其实都在服刑期满前被释放回国了。伪满洲国国务院的政府高官五藏六部在病床上收到拘禁 20 年的判决书，但是因为他有病所以立刻释放，他当时号啕大哭的照片还在呢。这些人回国前，不但组织他们在中国各地旅游，让他们看到蒸蒸日上的中国，还给每个人都发放了新衣服、新鞋、毛毯，甚至还有 50 元人民币，让他们可以有钱买些土特产带回日本。这些原日本战犯为了感谢获得重新做人的机会，在抚顺战犯管理所建起了一座谢罪碑。"

每次见到芹泽先生，他都会跟我说，"优待战犯、宽大处理，只有中国政府能做到，从结果上看，周总理说的是对的，这些原日本战犯回到日本之后都发挥了他们最大的努力在社会上宣传日本军国主义侵华战争的历史事实，余生都用感恩的心在赎罪。2000 年在关于从军慰安妇的女性国际战犯法庭上，做性暴力加害者证言的金子安次和铃木良雄都是中归联的成员。但是 NHK 电视台在播出的时候，剪掉了他们作证的部分。播出前，节目编导还打电话到金子家，问他可否用他的真实名字，可是几天后节目播出时完全没有这段内容，金子先生到死都为此事愤愤不平。"

NPO 和平纪念馆的运营宗旨是希望每个人都能了解战争的悲剧，知道日本发动的战争是侵略战争，以及中国和亚洲各国无辜的人民被杀害、被虐杀的事实，铭记前事，才能实现真正的和平。

张继承所长一行访问纪念馆

纪念馆也很重视中日之间的交流活动，特别是和抚顺战犯管理所之间始终保持着互访的关系。2012 年 4 月 25 日，抚顺战犯管理所的所长张继承一行（副所长李伟、展示部长夏雅兰、辽宁省警官高等专科学校教授段小杰等 5 人）抵达成田机场，抚顺奇迹继承会的理事长松村高夫、馆长姬田光义、前理事长仁木富美子亲自去接机，要知道从成田机场到纪念馆，是从千叶县到埼玉县，有 129 公里，不堵车也要两个小时的车程。众人风尘仆仆地直接赶到 NPO 和平纪念馆访问，在纪念馆门前植树纪念，现在还有一块牌

芹泽昇雄向作者展示一些纪念馆活动相片

子写着"管理所来日（访问）××年植树"。

张继承所长一行和曾任原中归联事务局局长的高桥哲郎、原中归联成员稻叶绩，还有抚顺奇迹继承会的成员 30 多人举行座谈会，回顾过去在管理所的生活，彼此都很珍惜相聚的时刻。

到抚顺战犯管理所后，战犯们的内心有两次较大的波动。第一次是朝鲜战争爆发后，不服气的人认为日本都打不过美国，更何况中国人，所以都等着中国战败，美国人可以把他们救出去。那时候战犯们对于忏悔自己在战争中的罪行这件事都很消极，声称自己只是执行长官的命令、天皇的命令，而且认为自己早晚要被判刑，就自暴自弃，对反省战争罪孽更是没有兴趣。但是随着朝鲜战场上中方告捷的消息不断传来，战犯们才彻底死心，开始静心思考自己的问题。第二次是生活稳定甚至安逸下来之后，战犯们自身有了精神上的需求，想要了解自己从未涉及过的思想、哲学领域。根据战犯们的需求，管理所的指导员提供了各种书籍给他们，当天的报纸也有，每个监房都有一个中文还不错的人可以翻译报纸的内容给其他人听。通过一些哲学理论的学习，他们逐渐意识到自己参加的战争并不是日本军国主义宣扬的那样"正义"，日本发动的战争是侵略战争。慢慢地他们的反省不再推卸责任，恨不得包揽责任。像上坪铁一，在审判前还追加自己的犯罪资料。很多战犯都有这种思想上的进步，他们已经不在意自己会因此被多判多少年，他们更在意的是是否反省彻底，否则良心难安。这种复杂曲折的心路历程只有当事人才能感同身受，所以中归联的老人们见到抚顺战犯管理所的同志会感觉特别亲切。

宽恕之花

纪念馆里有一本书，可谓是镇馆之宝，书名叫《宽恕之花》。1956 年，沈阳军事法庭对日本战犯判决不起诉，并且当庭释放。其中有个日本人叫副岛进，回国前，抚顺战犯管理所的工作人员临别时送给他一包牵牛花的花籽，告诉他说："请不要再拿着武器来中国的领土了。回日本后，祝你家庭美满，让美丽的花朵开在你家吧。"2003 年，抚顺奇迹继承会九州支部的会员横山浩文知道这件事情后，去拜访了副岛进先生，在他家院子里也看到了这些斩断报复的循环锁链、象征宽恕的花。副岛从中国带回来的牵牛花与日本本土的牵牛花不同，有着心形的花瓣，花朵很小，但是颜色很深，现在这种牵牛花有了新的花语，"友情、反省、宽恕、和平"，通过抚顺奇迹继承会的会员之手在日本全国各地生机勃勃地盛开着。

纪念馆门前的宽恕之花

曾经在中归联和平纪念馆门前盛开的牵牛花，因为花种来自抚顺战犯管理所，被誉为宽恕之花

　　九州支部的会员们想把副岛的故事讲给孩子们听，让孩子们知道在抚顺战犯管理所，那里的工作人员的父母兄弟或亲友被日本侵略者杀害，但是他们选择宽恕日日被他们看管的日本战犯，这种宽恕应当被更多的人所了解。因此制作了精美的绘本，还刻录了主题歌的光盘放在绘本里。

　　2007年7月，副岛进去世。8月1日，抚顺奇迹继承会九州支部的安冈正彦等人访问中国时，把副岛进家花园里的牵牛花花种带回中国，种在抚顺战犯管理所的院子里。

忙里忙外的办公室主任

　　纪念馆珍藏的资料众多，日本的 NHK、中国中央电视台等媒体，还有德国和美国的学者都去采访过。和其他媒体不同，我所属的东方卫视东京站不是采访一次就结束，我们去拜访过不下 4 次，因为那里的资料太丰富，人也非常有趣。

2002 年中归联解散的第二天，"年轻人们"（和中归联八九十岁的老人相比）为了继承中归联的友好和平精神，成立了抚顺奇迹继承会，在全国组织了十个支部，定期开展中归联的证言集会活动。芹泽先生说："当时我们考虑到不能让中归联留下的珍贵资料遗失，想找个地方存放，正好抚顺奇迹继承会第一代理事长仁木富美子家附近有一个废旧的仓库可以借给我们用，我们就租借了其中的一部分，用来收集和保存资料。后来中归联成员大河原孝一先生出了一笔钱，其他成员也凑了一些，买下了这个废旧仓库和土地，2006 年 11 月申请为 NPO 法人"。

芹泽先生作为和平纪念馆的办公室主任，里里外外的事都要管，举办战争证言活动的时候他不只是在现场忙活会场的流程，还要拍照片和视频做资料保存。2015 年开始，他又增添了新的业务，要整理这几十年来的视频资料，还要把珍贵的文献数字化。其中最珍贵的就是 5 000 张原日本战犯亲笔书写的个人经历了。芹泽说："有工整的笔迹，也有凌乱些的笔迹，能看出来写的时候内心波动起伏很大，还处于反省的阶段。有自身战争犯罪的事实，

抚顺奇迹继承会制作的儿童书籍
《宽恕之花》

有给日本亲人写的家书，还有回国前在中国旅游的游记。"可以说他是最了解中归联成员的人了，我的很多采访也都是通过芹泽先生的介绍才能有方向和进展。

芹泽先生希望和平纪念馆珍藏的资料不被灰尘覆盖，最好是能够被充分地利用起来，发挥它反对战争、捍卫和平的作用。

中归联老人的绘画

中归联和平纪念馆定期刊发的刊物